Herbert Gschwendtner

Hüttenadvent

Weihnachten wie damals

VERLAG ANTON PUSTET

Herbert Gschwendtner

Hüttenadvent

Weihnachten wie damals

VERLAG ANTON PUSTET

Impressum

Bibliografische Information der Deutschen Nationalbibliothek
Die Deutsche Nationalbibliothek verzeichnet diese Publikation
in der Deutschen Nationalbibliografie; detaillierte bibliografische
Daten sind im Internet über http://dnb.d-nb.de abrufbar.

Lektorat: Martina Schneider
Illustrationen: Eva Auer
Umschlagfoto: Carl Whitbread, shutterstock.com
Ornamente: Galina Shpak, Shutterstock.com
Satz und Produktion: Tanja Kühnel
Druck: finidr a.s.
Gedruckt in der EU

ISBN 978-3-7025-1037-4

auch als eBook erhältlich
eISBN 978-3-7025-8087-2

www.pustet.at

Inhaltsverzeichnis

Zum Einstimmen

Advent, das ist für mich im Jahreskreis die schönste Zeit. Der Grund liegt wohl in meiner Kindheit, in der ich durch die Eltern und vor allem durch die Großeltern diese Zeit besonders intensiv erleben durfte. Da waren zum einen die gelebten Adventbräuche, die Vorbereitungen für Weihnachten und das Mystische dieser Zeit, das mir oftmals an den finsteren Abenden Furcht einflößte. Später, als man mich als Mundartsprecher zum Radio holte und ich durch meine Stimme und meine Adventgeschichten besonders in dieser Zeit viele Sendungen gestalten durfte, konnte ich meine Stimmung an die vielen Hörerinnen und Hörer weitergeben. Adventsingen, bei denen ich mit meinen Geschichten und Gedichten zu Gast war, fanden immer großen Anklang.

Ist man, wie ich, einige Jahre aus der Öffentlichkeit verschwunden, dann denkt man gerne zurück, und wenn einem wie mir noch so manche Geschichte einfällt, dann bringt man sie einfach zu Papier.

Besonders die langen Abende im Advent verleiten dazu, in der Vergangenheit zu schwelgen. Ich bin in Mühlbach am Hochkönig aufgewachsen und zur Schule gegangen. Meine Kindheit war eine unbeschwerte mit allen Freiheiten, die man sich nur denken kann. Die Eltern mussten sich keine Sorgen wegen des Straßenverkehrs machen, da es damals nur wenige Autos gab. Unser Spielplatz war die Natur und an kalten Adventabenden wurde gestrickt, gebastelt und erzählt. Es gab keine Diskussionen wegen des Fernsehprogrammes, da dieses Medium in der Familie noch lange Zeit nicht gegenwärtig war. Orangen und Nüsse gab es nur vom Nikolaus und auch zu Weihnachten. Ansonsten waren Bratäpfel ein Hochgenuss.
Ich wünsche allen Leserinnen und Lesern einen besinnlichen Advent und ein gesegnetes Weihnachtsfest!

Herbert Gschwendtner

Winter um die Hütte

Heimelige Stimmung, ein knisterndes Feuer im Ofen, wohlige Geborgenheit – das ist so das Klischee in der Vorstellung vieler Menschen von einem Winter auf der Hütte. Es stimmt in gewisser Weise auch. Wer aber auf dem Berg in einer Schutzhütte lebt, für den ist der Hüttenwinter noch viel mehr. Wenn etwa draußen ein Schneesturm tobt, der an den Fensterläden reißt, dass diese ein Klopfen von sich geben, als wollte einem der Sturm etwas mitteilen. Wenn man in diesem Sturm Holz aus der nebenan liegenden Holzhütte holen muss, sind die wenigen Meter durch das Getöse oft schon eine Herausforderung. Man kommt weiß wie ein Schneemann in die Stube zurück und bringt viel Feuchtigkeit mit. An solchen Tagen raucht der Ofen, wenn der Wind in den Kamin fährt oder das Holz nicht anbrennen will und wiederum nur Rauch erzeugt …

Schön und stimmig sind aber die klaren Vollmondnächte im Winter, an denen es beinahe taghell ist. In solchen Nächten steigen oft Gäste den Hüttenhang hinauf für eine nächtliche Skiabfahrt und schwärmen hinterher, welch ein Genuss das war. Diese Nächte sind klirrend kalt und der Schnee knirscht unter den Füßen. Die besondere Schönheit der kalten Tage sind aber die glitzernden Eiskristalle, die viele Zentimeter groß auf den weißen Schneehängen wachsen können und wie Diamanten im Sonnenlicht glänzen. Aber auch das schöne Wetter hat seinen besonderen Reiz, wenn es möglich ist, warm eingepackt an die Hüttenwand gelehnt, trotz kalter Luft die Sonnenstrahlen zu spüren und in sich aufzusaugen. Wenn es aber warm wird oder gar Regen auf die Schneedecke fällt, zeigt die Natur ihre Tücken und von den steilen Hängen donnern Lawinen ins Tal. Unsere Hütte lag an einem steilen Hang und das Dach war direkt an den Hang gebaut, falls ein Schneebrett kam. Aber Schneebretter gingen gottlob immer seitlich an der Hütte vorbei. So waren der Advent und der Winter überhaupt auf dem Berg zum einen romantisch und schön und zum anderen musste man als Hüttenwirt auch Gefahren einschätzen können.

Herbert Gschwendtner war viele Jahre lang Hüttenwirt am Matrashaus auf dem Gipfel des Hochkönig und später auf der Dr.-Heinrich-Hackel-Hütte im Tennengebirge.

Hüttenadvent

Wenn ich an die langjährige Arbeit als Hüttenwirt zurückdenke, dann vor allem an die Abende bei schlechtem Wetter, die ganz der Familie gehörten. Als unser Sohn geboren war, mussten wir ihn im zarten Alter von einem halben Jahr für drei Monate zu meinen Eltern geben, da es unverantwortlich gewesen wäre, ihn auf das Matrashaus am Hochkönig mitzunehmen. Zwei Sommer lang war dies der Fall und jedes Mal, wenn wir vom Berg ins Tal siedelten, waren wir unserem Sohn fremd. Dieser Umstand brach uns schier das Herz, weswegen ich mich beim Alpenverein für eine Hütte bewarb, die tiefer lag und leichter erreichbar war. Nun war unsere Familie das ganze Jahr über vereint, und wir waren glücklich.

Im Winter konnte man uns nur mit Tourenski erreichen, ein Umstand, der uns nur wenige Gäste bescherte, und so musste gut hausgehalten werden, um einigermaßen finanziell über die Runden zu kommen. Damals gab es auf der Hütte noch Gaslicht mit empfindlichen Glühstrümpfen, die sofort zerbröselten, wenn man mit einem Gegenstand dagegenstieß. Deswegen behalfen wir uns an einsamen Abenden mit der Petroleumlampe und mit einer Laterne, deren dicke Kerze ein heimeliges Licht abgab. Beim Spiel am Küchentisch bekamen die Augen unseres Sohnes im Kerzenlicht einen Glanz, der uns verzauberte.

Im Advent, wenn wir eingeschneit und allein in der Hütte waren, ergaben sich unwiederbringliche, romantische Stunden, in denen wir uns als Familie besonders nah waren.

Freilich war das Leben auf der Hütte mit Entbehrungen verbunden. Das kleine Häuschen mit den Toiletten war einige Meter abseits vom Hauptgebäude und ohne irgendeine Heizung.

Es bedurfte an kalten Wintertagen auch großer Umsicht, um das Wasser am Fließen zu halten. Bei Schneefall musste man ständig die Wege zum Klohäuschen und zur Holzhütte freischaufeln.
An einem Spätherbsttag, an dem bereits einige Zentimeter Schnee lagen, hatte sich eine Dohle an einem Zaunstempen verfangen. Schuld waren ein Stück Stacheldraht und ein kleines Plastiknetz, in dem sie mit einem Fuß hängen geblieben war. Mit der Hand ließ sie sich nicht fangen und so warf ich ein Handtuch über sie und befreite sie aus dem Stacheldraht. Das Netz an ihrem Fuß war das größere Problem. Es war bereits ein wenig eingewachsen und ihre Krallen an diesem Fuß von den verzweifelten Befreiungsversuchen mit dem Schnabel arg verletzt. Vorsichtig und mit der Hilfe meiner Frau und unseres kleinen Buben gelang die Befreiung und wir pflegten von nun an diese Dohle in unserer Holzhütte in einer leeren Box unseres Hasenstalls neben unserem weißen Angora-Hasen. Anfangs wollte sie nicht fressen. Wir versuchten es mit allerlei Dingen, die so in einer Hüttenspeisekammer zu finden sind. Rosinen waren schließlich unsere und der Dohle Rettung. Rosinen mochte sie für ihr Leben gern und wir hatten sehr viele davon auf Vorrat für den Kaiserschmarren, der oft mit Rosinen von den Gästen verlangt wurde. Irgendwann im Advent, als die Wunde am Bein verheilt war, entließen wir sie unter Protest unseres Sohnes wieder in die Freiheit. Von diesem Zeitpunkt an kam sie immer wieder einmal vorbei, um ein für sie bereitgestelltes kleines Schüsserl mit Rosinen leerzupicken. Sie wurde mit der Zeit so zahm, dass sie sich auf meinen Arm setzte oder auf die Schulter. Elf Jahre lang kam sie zu unserer Freude und der Freude der Gäste zu Besuch und machte mit lautem

Geschrei auf sich aufmerksam, wenn einmal keine Rosinen im Schüsserl bereitlagen.
Unseren Tieren schenkten wir gerade in der stillen Zeit des Advents und des Winters überhaupt sehr viel Aufmerksamkeit. Da war ja auch Yeti, unsere Collie-Hündin, die schon am Matrashaus zu unserer Familie gehörte. Mit ihr machte ich die Ausbildung zum Lawinenhund, doch musste ich mit ihr nie zu einem Ernstfall ausrücken. Yeti verstand sich auch gut mit unserem Nymphensittich Cora. Der Vogel durfte es sich sogar in ihren langen Haaren bequem machen, wenn sie auf dem Boden lag. Und dann war da noch der Angora-Hase. Struppi wurde er von unserem Sohn getauft. An den einsamen Adventtagen durfte er auch in die Hütte und lag hier mit Vorliebe in der Holzlade des Küchenofens. Struppi war stubenrein. Wenn er an der Tür kratzte, war das ein Zeichen, dass er hinaus musste.
Alle unsere Tiere verstanden sich prächtig und wenn wir einige Schritte vor die Hütte gingen, dann begleiteten sie uns. Nun muss man sich das so vorstellen: Der Hund lief mit und der Hase hoppelte hinterher und dann kam auch noch die Dohle dazu, die bei diesen Spaziergängen gern dabei war und mitflog. Sie landete aber immer mit Abstand von Yeti, die sie oft verscheuchte. Unterhaltung pur für uns, die oftmals für viel Gelächter sorgte.
An den Abenden im Advent erfanden wir Geschichten oder Märchen wie jenes vom Apfel mit den roten Wangen und erzählten sie unserem Sohn …

Der Apfel mit den roten Wangen

Es war einmal ein Apfel, der hatte rote Wangen, und an seinem Stiel hing noch ein kleines, grünes Blatt. Neben ihm lag eine dicke grüne Birne, die den Apfel an Schönheit überbieten wollte, was ihr aber nicht gelang. An einem eisig kalten Abend glänzte der Apfel besonders schön und hoffte, dass er in eine warme Hand gelegt würde, die ihn wegen seiner roten Wangen streichelte. Hoffnungsvoll blickte er der Hand entgegen, die sich der Obstschüssel näherte, aber ach, sie griff nach der grünen Birne und dann wurde ein Knacken, ein Schmatzen hörbar und ein Tropfen des Birnensaftes fiel auf seine rote Backe. Nun lag er ganz allein in der Obstschüssel und träumte vor sich hin. Er träumte von den Kernen in seinem Inneren, die allesamt recht streitbar waren. So klopfte ein Apfelkern beim Nachbarn an und meinte, dass vor seinem Gehäuse das Fruchtfleisch leicht braun werde und er solle gefälligst sauber machen, damit keine Fäulnis überhandnehme. Ein anderer Kern meinte zum Kritiker, er solle sich nicht in Dinge einmischen, die ihn nichts angehen, und so fingen die Kerne an zu streiten und merkten nicht, dass sich das Fruchtfleisch zu Ärgern anfing und recht sauer wurde. Das hatten sie jetzt davon. Wer will schon einen sauren Apfel?

Doch da kam auf einmal die Hand, auf die der Apfel so gehofft hatte, und nahm ihn, streichelte seine roten Backen und er hörte die Stimme eines Buben, der sagte: Mama, darf ich den Apfel auf die Herdplatte legen? Ich möchte so gerne einen Bratapfel essen. Da wurde dem Apfel heiß, er fing an zu schwitzen und es brodelte in seinem Inneren, dass er ganz saftig und weich wurde, und in dem Moment, in dem er glaubte zu platzen, erwachte er und merkte, dass es nur ein Traum gewesen war.

Sternenhimmel

In den klaren Nächten zogen wir uns gerne ganz warm an, um vor der Hütte den Sternenhimmel zu betrachten. Hier heroben gab es keine Lichtverschmutzung, und so konnten wir die Milchstraße sehen, den kleinen und den großen Wagen und den Mond in seiner ganzen Schönheit. Als wir wieder in der warmen Stube saßen, wollte unser Sohn unbedingt eine Geschichte erfinden mit den Sternen und dem Mond. Der Name Milchstraße faszinierte ihn und so fragte er: Gibt es in der Milchstraße Kuhmilch oder Ziegenmilch? Nun musst ich ihm erklären, dass der Name nichts mit Kuhmilch oder Ziegenmilch zu tun hatte, sondern dass die Milchstraße ihren Namen dadurch erhielt, weil sie so milchig hell aussieht. Aber sie hatte auch tatsächlich etwas mit Milch zu tun. Die alten Griechen glaubten, dass hier die Götter Milch verschüttet hätten und nannten es „Galaxis" nach dem griechischen Wort für Milch. Eine Sage erzählt, dass der Göttervater Zeus seinen Sohn Herakles an der Brust seiner schlafenden Frau Hera trinken ließ, damit er göttliche Kräfte bekäme. Herakles saugte aber so stark, dass Hera erwachte und ihn von sich schubste. Dabei wurde ein Teil der Milch über den gesamten Himmel verspritzt.
So ganz verstand es unser Sohn aber nicht. Dafür war er noch zu klein, aber er wollte mit mir zusammen eine eigene Geschichte erfinden:

Auf der Milchstraße

Ein kleiner Junge spazierte entlang der Milchstraße und kam dabei an einem Bauernhof vorbei. Ein seltsames Geräusch drang aus dem Stall, welches er noch nie gehört hat. Darum ging er hinein, um zu erfahren, woher dieses Geräusch kam. Tssss, tssss, tssss, tssss, machte es, aber er konnte zunächst nicht entdecken, wodurch es verursacht wurde. Dann war da auch noch das Geräusch der Kühe beim Fressen und Widerkäuen, als er schließlich auf einem Melkschemel sitzend eine Bäuerin entdeckte, die gerade eine Kuh molk. Dabei musste sie aufpassen, dass sie nicht mit dem Kuhschwanz in Berührung kam, der immer wieder die lästigen Fliegen verscheuchte. Die Bäuerin meinte, er könne auch einmal zu melken versuchen, aber so sehr der kleine Junge an den Zitzen zog, es kam keine Milch heraus. So wollte er das Melken doch lieber der Bäuerin überlassen.
Nach diesem Stallbesuch spazierte er weiter auf der Milchstraße entlang und kam an einem Käsestand vorbei. Der freundliche Mann hinter dem Stand ließ ihn von seinen besten Sorten kosten und erklärte ihm den Unterschied zwischen Weich- und Hartkäse. So erfuhr er, dass Weichkäse einen höheren Wasseranteil hat und Hartkäse sehr lange braucht, bis er reif ist. Der kleine Junge stellte fest, dass er viel würziger

als Weichkäse ist. Nach dem Verkosten bekam er Durst und so besuchte er eine alte Milchfrau an ihrem Stand, von der er ein Glas frische Vollmilch bekam, und wo er auch den Unterschied zwischen Voll- und Magermilch erfuhr. Dass die Milch in einer Zentrifuge von ihrem Fettanteil getrennt wird und dabei Rahm entsteht, und dass aus diesem Rahm dann Butter gemacht wird. Was man auf der Milchstraße alles lernen kann, ist schon faszinierend, dachte der kleine Junge und spazierte weiter. Aus einer kleinen Hütte drang ein süßer Duft in seine Nase und neugierig, wie er war, musste er nachschauen, was es da gab. Ach Gott, war das herrlich, da gab es Milchreis mit einem Butterrand und Zimt in der Mitte. Milchreis mochte er für sein Leben gern und so war es nicht verwunderlich, dass er die Hütte erst wieder verließ, als sein Bauch gefüllt war. Mittlerweile war ihm etwas kalt geworden und so suchte er eine Hausecke auf, an der Dampf aufstieg. Der Dampf kam aus einem Kessel mit heißem Kakao und er erbat von der alten Frau, die darin rührte, einen Becher von diesem köstlichen Getränk. Am Becher konnte er sich außerdem auch die Hände wärmen. Und so schlenderte der kleine Junge durch die Milchstraße und konnte alles verkosten, was man aus Milch erzeugen kann.

Eisblumen

Die Fenster unserer Hütte waren nicht ganz dicht. So legten wir auf das Fensterbrett zwischen den zwei Fensterflügeln ein dickes Handtuch, damit nicht zu viel kalte Luft hindurchzog. Diesem Umstand verdankten wir es auch, dass an unseren Fensterscheiben Eisblumen wuchsen. Eisblumen waren besonders schöne Blumen und glitzerten wie Sterne. Mit dem warmen Hauch der Atemluft schmolzen sie dahin, und es gibt wohl von außen betrachtet keinen schöneren Rahmen für das Gesicht eines Kindes, welches mit seinem Hauch einen Teil der Blumen schmelzen lässt, damit es ins Freie schauen kann. Durch das Isolierglas gibt es heutzutage kaum noch Eisblumen, höchstens an einem Stallfenster.

Eisblumen glitzern an Fenstern im Stall
Eisblumen an den Stallfenstern – überall
Geschaffen durch Stallwärme und Dunst
Kälte von außen erzeugte diese Kunst

Christkindlwunsch

Als unser Sohn schulpflichtig wurde, öffneten wir die Schutzhütte während des Winters nur in den Schulferien, zumal immer weniger Tourensportler vorbeikamen und die Hütte im Winter defizitär wurde. Damals mieteten wir eine Wohnung bei Freunden im Ort, die ebenfalls Kinder hatten. Oftmals waren deren Kinder in unserer Wohnung und wir lasen aus so mancherlei Kinderbüchern vor, die deren Alter angepasst waren. Es galt nämlich auch, die Lesefaulheit unseres Sohnes zu bekämpfen. Er konnte gut lesen, nur hatte er damals völlig andere Interessen. Nun stand einmal wieder Weihnachten vor der Tür, und es wurde am Wunschzettel an das Christkind gebastelt. Immer wieder fragte er, was er sich denn wünschen solle. Bei teuren Dingen sagte meine Frau, dass das Christkind nicht alles Geld für ihn ausgeben könne, weil ja andere Kinder auch Wünsche hätten. Er solle sich bescheidenere Sachen wünschen. Nach langem Hin und Her schrieb er einfach auf seinen Wunschzettel: *Liebes Christkind, überrasche mich!*

Am Heiligen Abend lagen drei Päckchen mit seinem Namen unter dem Christbaum. Nachdem seine Sachen ausgepackt waren und das schöne Papier vor lauter Ungeduld zerfetzt auf dem Boden herumlag, war er maßlos enttäuscht und sagte: „Lauter Bücher! Das Christkind schreibt, dass ich mehr lesen soll. Nie wieder schreib ich: *Liebes Christkind, überrasche mich!*“

Im Stoi

Kimmt im Herbst de koite Zeit,
dann is vorbei mit da Gmüatlichkeit,
wann des Keiwiwerch wieder kimmt
und de Küah, de ma vo da Alm ababringt.
Um de Zeit weads im Stoi wieder eng
und es gibt um de bestn Platzl a Gedräng.
D'Fliagn wean a wieder gach amoi mehr,
deswegn fliagn de Kuahschwänz hin und her.
Mit der ganzn Friedlichkeit is vorbei,
weil irgendoans plärrt de mehra Wei.
Irgend a Kettn scheppert oiwei am Barrm,
aba durch de Viecha is im Stoi sche warm,
drum kemman de Katzn wieder gern herei.
A Lacki Müch gibts für de Viecher oiwei.
Dann de Goaß, de ganze Zeit de Meckerei.
Und a da Bock, sei Geruch is neama nei.
Nix dro an de Viecha wia Hörna, Haut und Boa
und vastrahn eane Kügei in da ganzn Gmoa.
Vom Goaßstoi a poa Meter weit weg
liegn de foastn Fackn in eanan Dreck.
Se grunzn vor eana hi den mehran Tag
und wean beim Fuattan erscht zur Plag.

Da schmatzns wia nit gscheit und fressn,
ham vor Gier jede Freindschaft vagessn.
Auf d'Nacht huckn de Henna auf ean Stangl
und gackern elendlang eana Leiergsangl
und machn zeitweis a murds a Gschroa
um eana grad erscht frisch gelegtes Oa.
Außer dem Platzgeranggl auf da Stang
dauert der Frieden oft amoi recht lang.
Aba wann de Bäurin ihr Pulli, Pulli schreit
weads fürn Hennawettlauf höchste Zeit.
Da Hals wead doppelt lang, de Flügl broat,
dawei de Bäurin mit de Fuattakörndl wart.
Bevor dann der Schnee vom Gebirg abaruckt
wead im Stoi des letzte Moi zsammagruckt.
Da kimmt dann mit a großen lauten Geplärr,
übern Winter des ganze Schafewerch daher.
Eh glei laare Fresser, fast nix zan hoin,
ois wia de beissende und grobe Wolln.
Alle müassns zsammruckn in da koitn Zeit,
weil ma miteinanda leichter de Kältn daleit.

Vom Spätherbst zum Advent

Ein Volkslied unterstreicht mein Spätherbstempfinden ganz besonders: „Heut hats von unserm Lindenbam, des letzte Blattl abagwaht, des is wia wann oans Abschied nam und sagat nix und gang sche stad …“ um dann in das Lied „Im Woid is so stad, alle Weg san vawaht …“, überzugehen. Kaum in einem anderen Genre kann die vorweihnachtliche Stimmung besser zu Herzen gehen wie in einem alten überlieferten Volkslied und den Volksweisen.

Drei Blattl hat er no, mei Lindenbam, und uman Stamm liegt dick sei Laub. Gelb, rot, grea und braun und wann i mit de Schuah so durchistroaf, dann raschlts ganz sche und es steigt so a eigener Duft auf. Für mi is des der Duft vom Herbst und des Raschln vom Laub is mei Herbstmelodie, de nach Vergänglichkeit klingt. Und doch erzähln mia a de Blattl am Bodn so manche Gschicht. De rotn Blattl erinnern mi an de Tage im Jahr, an denen i ganz fein de Liab spürn derfn hab. De gelbn Blattl, de so goidn in da Herbstsunn glänzen, de erwärmen a in da koitn Zeit des Herz, und de braunen Blattl machn a wengerl nachdenklich, wia vergänglich do alles is. Aba dann siacht ma zwischendrin wieder a greans Blattl, des no nit verwelkt is, und des ermuntert oan wieder, dass ja nach dem Winter wieder oisse zan Wachsn und Austreibn ofangen werd. Und so sammel i ma de verschiedenen Blätter zsamm und mach ma a kloans Gesteck, damit i de schöne Stimmung no eini bis in den Advent betrachtn ko, wann dann da Bodn scho schneebedeckt und gfrorn is.
Im Woid is so stad, alle Weg san vawaht …

Rehkitz

Oamoi, da bin i mitn Großvata in den Woid ganga, der zum Hof gheat. Da sama nit gar so lang unterwegs gwen, vielleicht a hoibe Stund. Aba des war oiwei a schene Zeit, wann i mitn Großvata in da Natur unterwegs war. Da hat er mia allerhand erzählt, was ma fürs Leben brauchn ko. So hat er zum Beispü oamoi gsagt: „Woaßt, wannst fest sparst, dann konnst dir vielleicht amoi a Haus baun, und wannst des gschafft hast, dann legst dir a Reserve o, damitsd a weng an Hinterhalt hast. Und wannst amoi so guat vadienst, dass du dir was leistn kannst, dann kauf dir no a Fleckerl Grund". So war er, mei Großvata. Desmoi hat er mia unterwegs wieder amoi a Pflanzn erklärt, de ma überoi am Land finden ko, de recht nützlich is, wenn oan a Waps oda a Biene sticht. Des is der Spitzwegerich, der wachst gern am Wegesrand und den zwuzlt ma zwischn de Händ, bis da Saft kimmt und den gibt ma auf den Stich und es wead de Stell nit gschwolln und da Schmerz hoit si in Grenzn.

Ja, und wia ma so dahigehn durchn Woid, da find ma a totes Reh und a frisch geborenes Kitz. Da Opa hat gmoant, dass des Reh bei der Geburt vabluat is, aba des Kitz hat no glebt, war aba scho recht schwach. Da Opa hat gmoant, dass des Kitz neama durchkemma wead, aber i hab so lang bettelt, bis mas dann doch mitgnumma ham. Wegn der toten Rehgoaß, hat da Großvata gmoant, wead er den Jaga vaständigen. Es war mühselig, dass mas so weit bracht ham, dass des Kitz de Goasmüch ausn Flaschl trunkn hat und wias hoibwegs auf de Füaß gstandn is, hats da Großvata zu oana Müchgoaß zuwigstellt und es hat nit lang dauert und des Kitz hat duttlt und de Goaß hats wia a eigenes Kitz ognumma. Des Kitz is a mit mia spaziern ganga. Wia a Hund is ma nachglafn. Und wann i

dann mit da Goaß am Strick und dem Reh unterwegs war, dann ham si de Leit gwundert, wia so was möglich is.
Dann hams bei uns im Dörfi im Advent a lebende Krippn gmacht und da hat da Buagamoasta gmoant, es warat recht nett, wann ma zu de Schafi und dem Esel a des Reh in de Krippn einistelln kunnt. Aus dem Kitz is aba mittlerweile scho a kloans Rehböcki wordn und zwoa winzige, kloane Krickerl san eam a scho gwachsn. Nit groß gnuag, dass er damit recht vü anstelln hätt kenna, aba er hat so gern scho a wengerl mitn Kopf pufft. Des hat natürlich in dera lebenden Krippe nit guat to, weil des Böcki de Schafi pufft hat, de si dann in a Eckn zsammdruckt ham und dann is hoit a da Esel drokemma, der eam woi mit seine Huaf oane tuscht hat, aba des hat dem angriffslustigen Böcki nix gmacht. D'Leit ham gmoant, mia soin de Viecha a Zeit lang in Ruah lassn, dann wean se si scho zsammgwehna. Hams gmoant. I war no koane fufzg Meter von der Krippn entfernt, da is des Böcki über den Zaun gsprunga und is mia nach. Wiara bei mia war, da hab i a no an Stessa kriagt vo eam und dann sama miteinanda zum Hof vo de Großeltern ganga.
Im Winta is er bei de Goaß im Stoi bliebn, aba im Fruahjahr da is er so lästig worn, dass i mit eam in Woid doniganga bin und durt is er vo selba abghaut, aba er is bsunders im Winter oft wieder amoi in die Nähe vom Hof kemma, weil er genau gwusst hat, dass in der Eckn hinterm Stoi oiwei a Schüpperl Heu für eam liegt.

Adventkranz

Mutter schickte uns Buben in der Woche vor dem ersten Adventsonntag immer in den Wald, um Tannenreisig zu holen. Nachdem wir den Sommer über auch den Wald zu unserem Abenteuerspielplatz erkoren hatten, wussten wir genau, wo das schönste „Taxach“ zu finden war. Einmal, als wir in einem solchen Auftrag unterwegs waren, hatten wir am sogenannten Rohrmoosriedel schon eine Tanne auserkoren. Sie war wohl ein wenig zu hoch gewachsen, als dass wir vom Boden aus einige Äste erreichen konnten und so war derjenige meiner Brüder, der der größte Kraxler unter uns war, mit wenigen Klimmzügen auf dem ersten Ast. Nun galt es, mit dem Fuchsschwanz einige Äste abzuschneiden. Nach kurzer Zeit hatten wir eigentlich schon genug Tannenäste für den Adventkranz, da wollte mein Bruder seine Kletterfähigkeiten beweisen und stieg bis in den Wipfel hoch, um uns schließlich mit dem Schwingen in luftiger Höhe Angst um ihn einzuflößen. Übermut tut selten gut, heißt ein alter Spruch, und der bewahrheitete sich wieder einmal. Beim Abstieg verhängte er sich mit dem

Hosenträger just an einem vorstehenden Aststumpen, von dem er die lange Seite schon abgeschnitten hatte und fiel, nachdem er sich losgerissen hatte, mit einem Plumps zu Boden. Da hatten wir nun die schönsten Äste für den Adventkranz und einen verletzten Bruder, der nicht mehr auftreten konnte. Der Weg nach Hause konnte über eine steile Wiese abgekürzt werden und so banden wir die Tannenäste zusammen, setzten ihn darauf und zogen ihn hinüber zur abschüssigen Wiese. Der Plan war eigentlich recht gut, nur hatten wir die taufeuchte Wiese nicht berechnet und so war diese „Rettungsvorrichtung“ schließlich nicht mehr zu bremsen und unser Bruder kam um einiges schneller am Talboden an als wir, wo er Gott sei Dank vor einem Zaun bremsen konnte. Es war noch einmal alles gut ausgegangen und der Doktor stellte eine Verstauchung des Fußes fest. Das „Tannach“ war durch den Rettungseinsatz mit Talrutsch so stark in Mitleidenschaft gezogen, dass es gerade noch für einen ganz kleinen Adventkranz reichte.

Der Barbaratag

In unserer Familie war der Barbaratag am 4. Dezember einer der größten Feiertage des Jahres. Nachdem der Vater Bergmann war und die heilige Barbara als Schutzpatronin der Bergmänner verehrt wird, war dieser Tag unter den „Kumpeln“ auch wegen des „Barbarageldes“ ein willkommener Feiertag. Der Brauch wollte es, dass die Bergknappen an diesem Tag im Bergkittel (schwarze Bergmannsuniform) vor dem Büro erschienen und, nachdem sie ihr Barbarageld erhalten hatten, gemeinsam mit der Bergknappenkapelle zur Barbaramesse in die Kirche marschierten. Natürlich wurde die Messe von der Musikkapelle musikalisch gestaltet, was wir Kinder nur außerhalb der Kirche mitbekamen. Im Knappenheim gab es dann für alle das große Essen, zu dem die Betriebsleitung eingeladen hatte, bevor es im großen Saal nach einigen Ansprachen den Ledersprung gab. Das war immer der Augenblick, auf den wir schon gewartet hatten. Die angehenden Lehrhauer mussten bei diesem Ledersprung zuerst ein Krügel Bier auf einen Zug leeren, dann einen Spruch aufsagen, um anschließend über das sogenannte Arschleder zu springen. Diese Sprüche zielten auf die Vorgesetzten und sie ernteten immer große Lachsalven:

Die Mitterberger san des Fegefeuer, der Buchberg ist die Höll,
der Betriebsleiter ist der Teufel und der Obersteiger sein Gesell.

Von Besinnlichkeit in der Adventszeit war da weit und breit nichts zu merken. An diesem Tag kam der Vater immer erst spät nachts nach Hause und nicht immer war die Mutter am nächsten Tag nett zu ihm, auch wenn er noch so schuldbewusst schaute.

Zruckdenken im Advent

Wenn i in dera stadn Zeit an de Kindheit zruckdenk, dann erschrick i fast a wengerl, dass de Zeit scho so weit hintn liegt, aba dennoch mit Freid so gegenwärtig is. Oana vo de Wegbereiter meiner Kindheit war ja da Großvata selig. Da Rüapi, wia nan de Oma oiwei gnennt hat. Ja und de Oma, de Thresl, wia da Großvata zu ihr oiwei gsagt hat, de war a ganz a strenge Frau. Sie hat de Zügl am Hof fest in ihre Händ ghoitn, und da Großvata, der auf den Hof zuawagheirat hat, is hoit grad a bessara Knecht gwen. Da oanzige übrigens am Hof, weil de Keuschn eh grad zwoa Küah, a paar Fackn, Henna und Goaß zan dafuattan vatragn hat. Aba da Großvata, der hat des Handwerkliche beherrscht wia kaum a anderer. Ob des da Girschtnzaun war, mit dem er auswärts a wengerl was dazuavadeant hat, oda des Brunnröhrnbohrn, da Großvata war a gfragter Handwerker. I hab sogar a eigene Radltruchn ghabt zum Stoi ausmistn, und mei großa Stoiz war, dass i da Oanzige war, der in seina Machlkammer mithelfn hat derfn. Mei, wia sche woa des, wann ma im Advent wieder amoi de Krippn viaraghoit ham, de ganz vastaubt in da Eckn auf an Kastl gstandn is. De Figurn hat da Opa oiwei in a Tüachl eingwicklt ghabt, damit eana nix passiert. Se san in an Kastlladl glegn. Alle Jahr hat er dann a neiche Figur gschnitzt.

Da Opa war a schmächtigs Mandl, a zachs, und hat nur drei Zigarettn am Tag rauchn derfn. De hat eam de Oma kloaweis vorgebn und er hat oiwei nur a halbe in sein Zigarettnspitz graucht und da lasst sis denkn, dass de bis zum Schluss zuawigraucht wordn is. Irgendwia is ma viakemma, dass er gern a paar Zigaretten mehr graucht hätt, weil er beim Rauchn gar so andächtig wordn is. Er selba hätt si ja koane Zigaretten kafn kinna, weil de Oberherrschaft übers Geld, de hat de Oma ghabt. Damois hab i ma gschworn, wann i amoi selba a Geld vadean, dann kauf i a Packl Zigarettn und dann rauch i de mitn Opa auf oan Tuscha zsamm. Freili hat des damois no a Zeit lang dauert, aba mia is des neama ausm Kopf ganga. Drum hab i mia vo mein erstn Lehrgeld den Traum erfüllt und da Opa und i san in da Werkstatt gsessn und ham boflt. Ja, und wia i da so daherkemma bin und eam mei Vorhabn beicht hab, da hat da Opa gschmunzlt und hat gmoant: Du Lausbua, du!

A Liacht im Advent

A Liacht soist ozündn, des an warma Schei vabroat.
A Liacht a im Herzen, auf des so mancher vielleicht woat
und dort, wo so a Liachtal brennt,
durt is dann a so richtig Advent.
In dem hoameligen Kerzenschei
da foin oan so vü nette Gschichtn ei,
wias oft amoi in manchem Jahr
im Advent der Kindheit so war.

Wann i heit de Gedankn viraram
erscheinans ma wia a schena Tram.
Lass ma diese Träume lebendig wean,
wann ma de Gschichtn aus der Kindheit hean.
Im Klang der Adventmusik, der Jodler und Liader
da spiaglt si ja so vü Schönes wider,
wias oft amoi in manchem Jahr
im Advent der Kindheit so war.

„Advent", des Wort klingt scho wia a Weis,
aufn Wassa is scho a dünne Schicht aus Eis,
glitzernder Reif ringsum auf de Staudn,
de wia Ruatn in den Nachthimmel schaun.
De Stern funkeln, ois warns frisch poliert,
san neigierig, was in so oana Nacht oisse passiert.

De guatn Düfte

Advent, de Zeit der guatn Düfte und der herrlichen Kostbarkeiten, de in koana anderen Jahreszeit so guat riachn und schmeckn. Kekserlbacken, Maronibratn, Früchte kandiern, Äpfel bratn, Eisschokolade machen, oder, wann si der Duft von Tannenreisig beim Adventkranzbinden mit dem Duft von an Punsch vamischt und vielleicht no a passende Musik oda a Liad dazua erklingt, dann is da Advent bis tiaf eini ins Gmüat zan spürn.
Alloa scho des Kekserlbackn … Da hat jeder seine ganz spezielle Vorliebe ghabt. Unser Schwesterl hat oiwei de Vanillekipferl am liabstn ghabt und da kleana Bruada war auf Kokosbusserl scharf. De Früchtebrotschnittn hamma alle gern gessn und a de Kokosstangerl. De Lebkuchn, de san ab und zua a wengerl z'hart wordn und san erscht im neichn Jahr gessn wordn, wenn de andern gar warn und dann sans meistns a weacha gwen bis durthi. De Windbäckerei, de war oiwei so a süaßa Eiklarabfall, aba eine Herrlichkeit zum Naschn, wenn des luftige Zeig zwischndurch zerbrochn is. Oa Kekserlart war aba vo alle heiß begehrt und alle Jahr wieder hat de Muatta zwenig davo backn, obwoi s'gwusst hat, wia gern mia s'ghabt ham. Des warn de Linzeraugn, gefüllt mit ana selbagmachtn Marillenmarmelade, da hama uns scho ums Bestreichn mit Marmelade gstrittn, weil ma in an unbeobachteten Augenblick schnell oans im Mund vaschwindn lassn hat kenna. Da hat ma aba scho recht flink sei müassn, weil irgend oana von de Brüader, der a gern scho gnascht hätt, hat oan nit aus de Augn lassn. Freili warn a de normalen Kekserl guat, de hoibatsd in Schokolade taucht oda mit Zuckerstreusln bestreut warn. Bei all dieser Köstlichkeit wars aba so: Warn de Tage des weihnachtlichen Backens vorbei, dann hats vor Weihnachtn nur selten Keks gebn, höchstens am Sunntagnachmittag. Nur is mia des oiwei a Rätsel bliebn, warum si grad de Linzeraugn nia bis Weihnachten ghoitn haben.

Kinder im Advent

Wann i Advent hör, foit ma dazua ei,
in dera Zeit riachts öfter amoi recht fei
und da gehts mia oiwei bsunders guat,
weil d'Mama de guatn Keks bachn tuat.

Da wean öfter a paar nit so wias soin
und de derfn mia dann vom Teller hoin.
Und erst de Finga in de Glasur steckn,
des ko ma scho ganz guat schmeckn.

I gfrei mi desmoi aufs Kletznbrot,
weils heuer so vü Birnen gebn hat,
da wean häufig Kletzn drinna sei
und auf des tua i mi bsundas gfrei.

Dass ihr nur des Naschn im Kopf habts!
A Weihrauchgruch is ja gwiss a nix labs.
Der gheat nämlich genauso dazua
wia Schnee und a adventliche Ruah.

Mia ham dahoam a tragate Kuah,
de kälbert grad auf Weihnachtn zua.
Womöglich müass ma in Stoi ganz gschwind,
grad in dera Zeit, wanns Christkindl kimmt.

Na, du hast Sorgn, guate Nacht,
bei uns wead grad de Krippn gmacht.
Da gibts alle Jahr was dro zan richtn
und des san im Advent meine Pflichtn.

I tua a dahoam grad bastln und schnitzn
und kimm dabei a oft gnuag ins Schwitzn.
Boid wead mei Voglhäusl fertig sei,
da derfn si de Voglerl hiaz scho gfrei.

Mei, des Herz tuat oan weh,
bleibt ma vor einer Auslag steh,
da wars hoit guat, sche und nett,
wanns Christkindl an Goidesel hätt.

Ihr habts Sorgn, mei, de mecht i habm,
da kimmt ma mitn Denkn neama zsamm,
dabei vagessts auf des Wichtigste ganz,
nämlich auf unsern schen Adventkranz.

Ja, auf dem zünd ma de Kerzn hiaz o,
damit ma im Kerznschein gspürn ko,
was den Advent eigentlich ausmacht:
A warmer Schein in finsterer Nacht!

Da Großmuatta ihr Zuckerlglasl

Wann i so zruckdenk, dann wunderts mi heit no, wo de Großmuatta de vielen, guatn Zuckerl herghobt hat. Sie war doch so sparsam und wann i scho amoi mit ihr zum Kramer geh derfn hab, dann hab i no so betteln kinna, sie hat ma nia Zuckerl kauft. I hab aba a nia gsehn, dass sie überhaupt jemois oa kauft hat und trotzdem hat sie in ihrer Kredenz ganz obn, vasteckt hinter de zwoa Glastürl, a Zuckerlglasl steh ghabt, wo alle Begehrlichkeitn drinna warn, de ma si nur denkn ko. Des Kastl war aba oiwei abgsperrt, und wo der Schlüssl woa, des moan i, hat nit amoi da Großvata gwusst, weil in dem Teil vo da Kredenz hat de Großmuatta a in Großvata seine Zigaretten drinna ghabt, vo de er ja nur drei am Tag kriagt hat.

Da warn amoi de Huastnzuckerl, bei de warn ma ihre bestn Kundn, weil a wengerl a Huastn war schnell erfunden. De Rachnputza warn woi extra scharf und groß war ihr Malzzuckerlbedarf. Dann hats so kloane Traubenzuckerherzerl ghabt und Seidenzuckerl mit einer Mandelfüllung. De ham glei a so kracht, wann ma einibissn hat. Bärendreck, des warn so große, schwarze Batzn, de hat da Großvata gern mögn. Da warn uns de Himbeerzuckerl scho vü liaba, oda gar de sauern Speitl, vo de ma lang was ghabt hat, weils so langsam zganga san. Dann hats no a paar einpapierlte Zuckerl ghabt, aba de hats nur zur Belohnung gebn.

Ja, und heit no, wann i ma des große Zuckerlglasl in Gedankn virahoi, dann is oans ganz gwiss: Es war des begehrenswerteste Glasl meiner Kindheit, und wann i a in mein Kuchikastl so a Glasl steh hab mit guate Zuckerl drin, es is koa Zuckerl dabei, des nur annähernd so guat schmeckt wia oans aus da Großmuatta ihrn Zuckerglasl in ihrer Kredenz, hinter de oberen zwoa Glastürl, ganz vasteckt hintn drin.

Der Nussknacker

Mein Freund Helmut im Siedlungsblock nebenan bekam einmal zu Weihnachten von seiner Tante aus Salzburg einen wunderschönen Nussknacker geschenkt. Das war eine geschnitzte Holzfigur in einem roten Kosakenrock mit goldenen Borten und Knöpfen und einer schwarzen Hose, die in schönen Reiterstiefeln steckte. Am Kopf trug er eine stattliche Kosakenkappe mit Federbusch. Dieser Nussknacker wäre als sehr schön zu bezeichnen gewesen, hätte er nicht so einen großen Mund gehabt, welcher samt Unterkiefer und Bart durch einen Hebel am Rücken zu öffnen war. Aber er war nicht nur kunstvoll und nett anzusehen, sondern auch recht nützlich, um harte Nüsse zu knacken. Einmal, als Helmuts Tante im Advent zu Besuch kam, erzählte sie uns das Märchen vom Nussknacker und vom Mäusekönig und wir lauschten und lebten direkt in dieser Geschichte, weil die Tante so gut erzählen konnte.
Dabei ging es um die Kinder Louise, Marie und Fritz, die sich zu Weihnachten immer ganz besonders über die Geschenke ihres Paten freuen. Einmal bekommen die drei neben verschiedenen Wunderdingen einen Nussknacker geschenkt. Besonders Marie findet sofort Gefallen an ihm. Doch am Abend wird sie Zeugin, wie all ihr Spielzeug zum Leben erwacht und unter dem Kommando des Nussknackers in den Kampf gegen den Mäusekönig und seine Armee zieht, die aus sämtlichen Ritzen gekrochen kommt …
Dieses Märchen setzte sich in meinem Kopf fest, sodass gewiss noch Jahre danach auf meinem Wunschzettel ans Christkind ein Nussknacker stand. Leider gab es mit diesem Wunsch so seine Schwierigkeiten. Zunächst kam der Brief ans Christkind auf die Fensterbank und gleich in der ersten Nacht war er zu meiner Freude verschwunden. Doch alles Hoffen und Bangen und Bitten ans Christkind

halfen nichts. Der Wunsch nach dem Nussknacker wurde nicht erfüllt. Erst im Frühjahr, als der Schnee schmolz, kam der rote Briefumschlag ganz verwaschen und unleserlich im Garten zum Vorschein. So war es also kein Wunder, dass mir das Christkind keinen Nussknacker gebracht hatte, weil der Schneewind den Brief vom Fensterbrett geweht und ihn mit Schnee zugedeckt hatte.
Neidisch schaute ich mir immer wieder den Nussknacker bei meinem Freund an. Dann sah ich in einer bunten Zeitschrift drei wunderbare Nussknacker abgebildet. Ich schnitt mir die Bilder aus und klebte sie über meinem Bett auf, damit ich sie immer wieder anschauen konnte. Der nächste Brief ans Christkind enthielt wieder nur einen einzigen Wunsch: Bitte, liebes Christkind, bring mir einen so schönen Nussknacker, der noch schöner ist als der von meinem Freund. Diesen Brief legte ich wieder auf das Fensterbrett und beschwerte ihn mit einem Stück Holz. Diesmal blieb der Brief liegen und Tag für Tag ging mein erster morgendlicher Blick zum Fensterbrett und ich erlebte täglich eine große Enttäuschung. Nach der Thomasnacht war der Brief verschwunden und stattdessen lag ein Zettel mit goldener Schrift unter dem Holzstück, auf dem zu lesen war: Die Worte „schöner" und „besser" sollten auf Wunschzetteln nicht vorkommen, du musst zufrieden sein mit dem, was du bekommst. Auch in diesem Jahr lag kein Nussknacker unter dem Weihnachtsbaum und ich musste mit einem Buch vom Struwwelpeter zufrieden sein.
Mit meinen Wünschen und Sorgen ging ich natürlich auch zu meinem Großvater, der mir versprach, einen Nussknacker zu schnitzen. Nun, Großvater war ja ein handwerklich geschickter Mensch und tat ganz geheimnisvoll um, wenn die Rede auf den Nussknacker kam. Eines Tages überraschte er mich mit einer kleinen Schachtel und darin war tatsächlich ein Nussknacker. Leider kein solcher, wie ich ihn mir wünschte. Das war ein Nussknacker, in dem man eine Nuss einklemmen konnte, und wenn man an einer Holzschraube drehte, konnte sie mit Kraftanwendung geknackt werden. Ich durfte natürlich meine Enttäuschung nicht zeigen, dieser Nussknacker erfüllte wohl seinen Zweck, aber ich wollte doch einen Nussknacker als Spielkameraden, und dazu war dieser

Nussknacker nicht zu gebrauchen. Außerdem konnte so ein selbstgeschnitzter Zwecknussknacker nicht den Kampf gegen den Mäusekönig aufnehmen.
In der siebten Klasse der Volksschule kam mir in der Adventzeit der Nussknacker wieder unter. Thema war der russische Komponist Pjotr Iljitsch Tschaikowski, der zu den bedeutendsten Komponisten der Romantik zählt. Ballette wie Dornröschen, Schwanensee und eben der Nussknacker gehören zu seinen bedeutenden Werken.
Nun gab es da einen Brief an die Eltern, worin es darum ging, mit der Schulklasse in das Marionettentheater nach Salzburg zu fahren, wo der Nussknacker gespielt wurde. Allerdings war dazu eine sehr harte Nuss zu knacken. Neben unserer Klassenkasse mussten die Eltern damals einen erheblichen finanziellen Beitrag leisten, was bei sechs Kindern in einer Bergmannsfamilie nicht ganz einfach war. Mein Taschengeld bestand nur aus wenigen Groschen, die, obwohl ich gespart hatte, zusammengezählt kaum drei Schilling ausmachten. Doch das Glück war mir in Form meines Onkels Hartl aus Lend hold, der just in diesen Tagen des Bangens und Hoffens zu Besuch kam und uns sein erstes eigenes Auto vorführte: Einen Fiat 600. Wir Kinder durften zum ersten Mal in einem PKW mitfahren. Vater hatte ja nur ein Moped, welches noch dazu die meiste Zeit kaputt war. Einmal fuhr er mit diesem Gefährt sogar nach München zu einem Fußballspiel seines geliebten Vereins 1860 München. Auf dem Rückweg streikte sein Moped, also stellte er es bei einem Bauern unter und fuhr per Autostopp nach Hause, was zu dieser Zeit ein eher schwieriges Unterfangen war.
Doch zurück: Dieser Onkel Hartl, ein Bruder meiner Mutter, ein stattlicher, fescher Mann, lachte übers ganze Gesicht, als er unsere Begeisterung für sein Auto sah und vielleicht war es gerade dieser Gemütszustand, der meine Reise mit den fehlenden Schillingen unterstützte.
Nun stand der Fahrt mit einem Postautobus nach Salzburg ins Marionettentheater nichts mehr im Weg. Da war schon die Busfahrt ein wunderbares Erlebnis, wobei es immer wieder Streitigkeiten um die Fensterplätze gab, bis

der Herr Lehrer bestimmte, wer von wo bis wo am Fenster sitzen durfte. Ich erwischte leider die Strecke von Werfen nach Golling, wo es nur die Salzach, das Tennengebirge und das Hagengebirge zu sehen gab. Lauter steile Wände, lediglich die Kirche am Pass Lueg war eine Sehenswürdigkeit, die aber viel zu schnell vorbeiflog. In Salzburg angekommen, gingen wir zunächst durch den Mirabellgarten und landeten schließlich im Mozarteum, wo damals das Marionettentheater untergebracht war.
Die Aufregung, dass ich nun die Weihnachtsgeschichte vom Nussknacker auch bildlich erleben durfte, erschien mir in meiner Vorfreude als das schönste Weihnachtsgeschenk, welches es für mich auf dieser Welt geben konnte. Als es endlich still und dunkel wurde und die Musik von Tschaikowski erklang, während sich der Vorhang hob, war es um mich geschehen ... Ich erlebte mit Louise, Marie und Fritz dieses zauberhafte Ballett der tanzenden Puppenfiguren. Auch wenn ich teilweise den Text nicht verstand, so war doch immer wieder die Geschichte vom Nussknacker und dem Mäusekönig in meinen Ohren, wie sie die Tante meines Freundes erzählt hatte.
Als ich wenige Jahre später in einem Kunstfachgeschäft einen Nussknacker erstand, war die Sehnsucht nach einem Nussknacker endlich zur Gänze gestillt, und jedes Mal, wenn ich ihn betrachte, fällt mir der weite Weg bis zu seinem Besitz wieder ein.

Kerzenliacht

Kerzen leuchten,
Kinderaugen glänzen.
Erwartung und Freud,
a glückselige Zeit.

S'Kerzenliacht flackert,
gibt an hoamelign Schei
und es mischt si ganz sachte
d'Weihnachtsstimmung drei.

A Kerzenliacht leuchtet neben mir
und es is ma, als wärs a Licht zu dir,
wo du grad bist, was du grad machst.
Dabei hab i des Gfühl, dass du lachst.
Du lachst, weil helle Freude in dir is.
Dieses Kerzenliacht vabindet uns gwiss.

Raunachtsbrauch

Es war immer eine große Ehre für mich, wenn ich mit dem Großvater in einer Raunacht durch Hof und Stall zum Räuchern mitgehen durfte. Es war dies immer ein ganz besonderes Ritual. In unserer Knappenwohnung gab es so etwas ja nicht. Der Vater hielt nicht viel von diesem Brauch, weil er meinte, in ein Mietshaus passe so ein alter Brauch nicht. Deshalb durfte ich am Abend vor der Thomasnacht mit dem Großvater am Bauernhof das „Rachngeh“ erleben.
Bitterkalt war dieser Abend und ich musste das Weihrauchschüsserl tragen und ab und zu mit einem kleinen Löffel der Weihrauchpfanne neue Nahrung geben.
Zunächst ging es in den Keller, wo das Eingemachte in den Regalen stand. Hier lagen auch die Karotten und Erdäpfel im Sand eingeschlagen, damit sie sich über den Winter halten würden und vor dem Frost geschützt waren, der zuweilen durch die Ritzen auch in den Keller kroch.
Irgendwie war mir dieser Keller unheimlich, huschte einem doch ab und zu auch eine Maus vor die Füße. Wenn so etwas passierte, stellte Großvater gleich wieder eine Falle auf, damit diese Biester nicht zu viel Schaden anrichteten.
Froh, aus dem Keller wieder zu ebener Erde zu sein, ging es dann weiter.
Großvater murmelte von Raum zu Raum den Rosenkranz, und wenn ich in Gedanken versunken beim Gegrüßt seist du, Maria, das „Heilige Maria, Mutter Gottes“… übersehen hatte, wurde er auf einmal laut, um mich aus meinen Gedanken zu holen.
Dennoch, der Weihrauchgeruch und die Heiligkeit dieses Ganges hatte eine besondere Wirkung auf mein junges Gemüt. Es war mir, als ginge alle Heiligkeit auf Erden mit uns durch das Haus.

Abschließend lag der Stall auf unserem Weg. Dabei galt besondere Vorsicht, denn in der Nähe der Stalltür war der große Hofbrunnen, an den im Winter nach dem Füttern die Kühe zur Tränke gelassen wurden. Dadurch entstand um den Brunnen am Boden Eis. Sogar von der Brunnsäule floss das Wasser durch dicke Eiszapfen. Eis aufhacken und mit Asche bestreuen war eine der Arbeiten, die im Winter täglich verrichtet wurden.
Zwischen Haus und Hof strich immer der Wind hindurch und an diesem Abend war er besonders bissig, sodass ich trotz der warmen Strickjacke eine Gänsehaut bekam. Im Stall war es schön warm. Die Hühner schliefen schon auf ihren Stangen und in den Nestern, die Schweine grunzten ob der abendlichen Störung und die Kühe lagen wiederkäuend auf ihren Plätzen. Zurück in der warmen Stube wurde der Rosenkranz dann fertig gebetet.
War es der Rauch oder eine Verkühlung? Jedenfalls überfiel mich ein Hustenanfall, der Kopf glühte und die Großmutter meinte, ich solle schnell nach Hause laufen und mich ins warme Bett legen. Fiebrig kam ich zu Hause an. Mutter wusste schnell Rat. Ich bekam ein Schweineschmalzpflaster auf die Brust gelegt, welches mit einem Fettpapier abgedeckt wurde, und ab ging es ins Bett. Bis zum Heiligen Abend war ich wieder halbwegs auf den Beinen und froh, dass ich die ganze Heiligkeit dieses Abends nicht im Bett liegend verbringen musste.

Fraubeten

Zu meinen großen Freuden im Advent zählte das Fraubeten. Nicht nur am Hof der Großeltern, sondern vor allem in der Nachbarschaft. Da gab es bei uns im Tal sogenannte Rotten. Das waren Gebiete im Ort und der Umgebung. Unser Fraubild gehörte zur Schattseiten-Rotte und war meines Erachtens das schönste Fraubild aller Rotten. Als Fraubild wird das Bild der Muttergottes in anderen Umständen bezeichnet und es wurde von Hof zu Hof gereicht, bevor es am Heiligen Abend in die Kirche eingesungen wurde. Das Schattseiten-Fraubild wanderte im Advent zu insgesamt acht Höfen. Dazu gab es ein eigenes Ritual. Das Fraubild wurde vom vorherigen Hof abgeholt und schon dieses „Abholen" war ein Ereignis für sich. Da war man schon nach der abendlichen Melkzeit beim Nachbarn und dort gab es meist zunächst heißen Tee und eine kleine Speckjause zur Stärkung. Dann ging eine Jungfrau mit dem Bild voran und die Begleiter stimmten hintendrein einen Rosenkranz an. Wenn es zu unserem Hof kam, dann war mein Vater der Vorbeter und meine Tante trug das Bild. Am Hof angekommen, wurde das Fraubild in den Herrgottswinkel gestellt, der an diesem Abend feierlich geschmückt war mit Tannenreisig und einigen künstlichen Blumen, die mir immer recht kitschig vorkamen. Ich war unter den größeren Kindern der Hausherr, der das Sagen am Hof hatte und dies weidlich ausnützte, immer darauf bedacht, dass vor allem die hübschen Mädchen besonders verwöhnt wurden. Eines wollte mir nicht recht in den Kopf gehen: Warum waren beim Fraubeten auf unserem Hof weniger Leute aus der Nachbarschaft als auf den anderen Höfen? Der Zufall wollte es, dass ich ein Gespräch zweier Frauen unfreiwillig belauschte, die meinten: „Also de Thresl (so hieß die Großmutter), de is scho recht schuftig (geizig). Der Glühwein is gwassert, dass er mehr Tee wia Wein is, im Kletznbrot muaßt de Kletzn suachn, dassd oa findst, de Keks san so trockn, weils mit da Butter beim Backn spart und des kloane Bröcki Speck, dös sie her tuat, des kitzlt de Manda grad a wengerl am Bauch". Dabei hatte ich geglaubt, die Leute kommen wegen dem Fraubeten zu uns, aber anscheinend wollten sie auch gut bewirtet werden. Ich hab mich für die Großmutter geschämt.

Kramergschicht

Advent, naja, ois Kinder war des in de Fufzgajahr bei Weitem nit so wias heitzutag is. Da san da Schokoladenikolaus und Krampus nit scho im Oktober in de Supermärkte palettenweise umanandagstandn. Damois hats no unser Kramerin gebn. Des war a kloane, a wengerl rundliche Frau. Aba für uns Kinder war sie fast wia a Göttin. Nit grad deswegn, weil ma von ihr ab und zua a Stollwerk gschenkt kriagt ham. Na, sie hat hinter ihrer Budl in de Regale Sachn ghabt, de uns Kinder glanzate Augn gmacht ham, weil ma gwusst ham, dass des für uns unerreichbar war. A Vata vo fümf Buama hätt si soiche Ausgabn nit leistn kinna. Da war er froh, wann er uns dafuattan kinna hat.
Appropo dafuattan und Kramerin. Wann uns de Muatta um a Brot zur Kramerin gschickt hat, dann war des so a Sach. Es hat ja damois passiern kinna, dass des Brot scho gegen Mittag bei da Kramerin gar wordn is, drum hama meistens scho in da Früah des Brot ghoit. Hiaz muass ma si vorstelln, wia vü fümf hungrige Buama an oan Tag alloa an Brot vadruckt ham, überhaupt wanns in da Fruah no ganz frisch und woach war. Meistens samma ja zu zweit gang ums Brot, weil ma ja doch oiwei vier bis fünf Strutzn braucht ham. Da hama hoit zerscht amoi oan Strutzn obissn und dann mitn Finga des Woache aussakletzlt. Wann ma tiaf gnuag drei warn, dann hat a de knusprige Rindn dro glam müassn. Und so is aft oa Strutzn am Hoamweg scho draufganga.
Hiaz wars aba a so, dass mia bei da Kramerin de letztn zwoa Wochn vorm Zahltag oiwei scho aufschreibn lassn ham und am Zahltag hat da Vata ganz genau gschaut, was da aufgschriebn wordn is. Wann de Muatta im Advent wieda mehr gstrickt hat, hama entweder a Mehl, an Polenta, a Margarine, a Brot oda sonst was aufschreibn lassn, was gleich teuer wia de Wolln war, weil da Vata

gmoant hat, es tat a de Wolln von an auftrenntn oitn Pullover no guat. Beim Aufschreibn da hat de Kramerin scho mitgspüt.
Unsa Muatta war ja eine begnadete Künstlerin in Sachen Wolle. Oiso, da hats bei uns einen gehäkelten Christbambehang gebn. Da warn gehäkelte Hund zwischn de paar Kugln, de ma ghabt ham. Und sogar kloane Engerl, Wollpupperl und Clowns. Winzige Handschuah und Sockn warn zwischn am Lametta zan sehn und kloane Körberl, in denen a Zuckerl war. Stollwerk in weißem und rotem Krepp-Papier und selbabachne Windbäckerei und an Strohstern obn drauf – fertig war unsa Christbam, und jeder, der den Christbam gsehn hat, hatn alloa scho wegn de Häklereien von da Muatta bewundert. Da woa ma richtig stoiz auf ihr Kunst. Schad war nur, dass uns nia a Buamaspüzeig gehäkelt hat.

Kaufhaus Storch

Wenn ma – wia i – ois Erstgeborener drei kleanare Brüada zu beaufsichtigen hat, dann is ma ois Sechsjähriger oftmois scho ganz sche gfordert. Wenn ma dann no in kindlicher Naivität a no an den Storch glaubt, der de Kinder bringt, dann is a nit verwunderlich, dass ma si gwisse Gedanken macht, wenn a Kaufhaus den Namen Storch tragt. Für mi war damals sehr wahrscheinlich: Die Kinder bringt der gütige Herr vom Kaufhaus Storch, der ma ab und zua, wann i vor da Auslag gstandn bin, a Zuckerl gschenkt hat. Bsunders im Advent hats mi zu de Auslagn beim Kaufhaus Storch hinzogen, alloa scho deswegn, weil durt da Krampus und da Nikolaus ausgstellt warn und i natürlich auf a Zuckerl ghofft hab.
Oamoi, wia i grad wieder vor dera Auslag gstandn bin, is a Frau mit an schreiatn Baby ausn Gschäft kemma und da war mir endgültig klar, dass sie des Kind da drin im Gschäft kauft hat. Jetzt wars aba so, dass es im Kaufhaus Storch oisse gebn hat, was ma si nur denkn ko. Sachn, de i vorher no nia gsehn ghabt hab und so vü Zeig, des ma recht gfalln hätt.
Damals hab i in meiner kindlichen Naivität oiwei Angst ghabt, wann da Vata gsagt hat, dass er zum Storch geht, weil er irgendwas braucht, was eam wichtig war. Mia warn damals scho meine drei Brüada zvü zum Aufpassn, obwoi i gegn a Schwesterl nix einzuwendn ghabt hätt. Trotzdem hab i an an so an Tag ungeduidig auf sei Hoamkemma gwart und vor allm drauf, ob er da nit a eingwicklts Irgendwas mitbracht hat. I war dann froh, wanns grad a Werkzeug war.

De Sach mit de Schi

Ja, des war so a Sach mit de Schi. Da Vata hat koa Geld ghabt für derlei Ausgabn. Des hoasst, für mi hat ers nit ghabt, weil mei Bruada, der um zwoa Jahr jünger is, war a Schispringer und koa schlechter. Seine Trainer ham a des Talent erkennt, nur is eam des dann später in Kopf gstiegn und nach oana Straf vom Trainer is er neama zum Springa ganga.
Im Dezember hats ja scho des erste Training für den Nachwuchs gebn und i woit unbedingt a a Schispringer wean und habs a gschafft, dass i oamoi zum Training fahrn derfn ho. Aba dazua is zerscht amoi a Vorgschicht notwendig:

Mia ham in unserm Ort a kloane Wagnerei ghabt. Des war so a Einmannbetrieb und der oane Mann war der Engelbert Katschthaler, der mi recht gern mögn hat, weil i öfters in der Werkstatt ghoifn hab. I hab nämlich so gern den Nitrogeruch mögn vom rotn Bradllack. Da Engelbert hat a Schi gmacht. De Eschenschi ham „Satellit“ ghoassn, weils damois den erstn Satellitn in Weltraum gschossn ham. Da Alois Rohrmoser in Wagrain hat damois scho weita viridenkt und seine Schi „Atomic“ tauft. Aba de Satellit-Schi warn doch meine ganze Sehnsucht und wia i dem Engelbert Katschthaler vazöht hab, dass i gern Schispringa wean mecht, da hat er mia a Paar Satellit-Schi gschenkt. Für de Bindung hab i mei Sparschweindl gschlacht. Und dann hab i sogar zu dem Sprungkurs fahrn derfn. Des war aba koa so guate Idee, weil i am Anlauf scho de Hosen schiaga voi ghabt hab und

in da Anlaufspur, so hat mei Bruada gsagt, hab i mein Hintern ganz auf d'Seitn draht, sodass i ganz schief vom Schanzntisch wegghupft bin. Wahrscheinlich bin i nit ghupft, sondern voa lauta Angst nur drübagfahrn. Jedenfois war mein Schanznrekord vo sechs Meter a mei oanziger Sprung, weil dabei mei rechter Schi brochn is.

Oisa rearata bin i mit der abbrochna Schispitzn und dem Rest vom Schi zum Engelbert ganga, der ma zwar versichert hat, dass er des anschifften ko, aba mei Schi war hi, mei Freid dahi und i war so richtig endlos traurig.

Da Vata hat gmoant, dass er des scho gsagt hat, dass i koa Talent dazua hab und überhaupt soit i heut Schlittnfahrn geh, da ko i nix himachn. In de Tag vor Weihnachtn hab i fast jeden Tag in da Wagnerei vorbeigschaut und hab d'Werkstatt zsammgramt und hoit oiss Mögliche garbeitet, aba nachn brochna Schi hab i mi nit fragen traut. I habn a nirgens in da Werkstatt gsehn und so hab i ma denkt: Des warns meine Träume vom Schifahrn und Schispringa.

Oan Tag vor Weihnachten hat da Engelbert dann mein Schi viraghoit und hat gmoant: So und hiazan brauch man nur mehr schwarz lackiern und du kannst wieder Schifahrn, aba des Springa war gscheita, wannst lassatsd. De Schi ham zwar a wengerl ungleich ausgschaut, aba ban Schifahrn hat ma des nit gmerkt und i war wieder einigermaßen glücklich.

Finster und hell

Mystisch, ja klangvoi gar,
so neigt si im Advent des Jahr.
Gestoitn schleichn durch de Nacht,
wia a unheimliche Macht.
Es is de Macht der Finsternis,
de jetzt gar so gegenwärtig is.

A liachta Schei liegt überm Land,
da Winter hat de Regentschaft in da Hand.
Geh ma diesem Schei entgegn,
auf de Liachta zua, de unser Herz bewegn.
Mach ma a Musi, singan a Liadl sche stad,
so wead dann a Adventabend nit fad.

Aufm Adventmarkt

Maroni und Krachmandeln schmecken fei
oder derfs vielleicht a Zuckerwatte sei?
Aba was san de leiblichen Genüsse
und all des herrliche Süaße,
gegen die Kunstwerke, de ma siagt,
dass ma direkt nasse Augn kriagt
wann ma de Klosterarbeiten betracht,
oda an Blick auf de Porzellansachn macht.
Wenn ma durch Standlgassn spaziert
und Lust auf des Kripperlbauen kriagt,
dass ma fürn Christbaum was braucht,
a paar Engerl oda a Harz, des guat raucht.

Beim Waggerlhaus

Es ist ja so, dass jeder von uns im Advent persönliche Erlebnisse hat, an die man in der stillen Zeit besonders gern denkt. Für mich bedeutete immer schon die Stimme von Karl Heinrich Waggerl, wenn sie im Radio erklang, etwas Besonderes.

Ende der Sechzigerjahre arbeitete ich als Maler und Anstreicher im schönen Wagrain. Am Kirchboden lag Waggerls Haus mit der gelben Fassade und den blauen Fensterrahmen. Im Sommer blieb man allein schon wegen seines schönen Gartens am Zaun stehen. Ich blieb auch stehen, hatte dabei aber einen Hintergedanken: Ich wollte Karl Heinrich Waggerl persönlich aus der Nähe sehen.

Einmal, es war an einem Spätherbsttag, da bin ich in meiner Malermontur Herrn Waggerl vor dem Postamt begegnet, wobei er mich prompt angesprochen und gefragt hat: „Ach, wissen Sie, ich habe beobachtet, wie Sie die Fensterläden meines Nachbarn gestrichen haben, und so dachte ich mir, dass es schön wäre, wenn Sie auch meinen blauen Fensterläden neuen Glanz verleihen könnten. Die Farbe hat meine Frau schon besorgt, aber es müsste noch vor dem Winter geschehen."

Für mich war das natürlich Ehre und Freude zugleich, weil ich mir in meiner Zeit in Wagrain nichts sehnlicher gewünscht habe, als mit diesem Menschen in engeren Kontakt zu kommen. Der schüchterne Anstreicher und der verehrte Dichter, dessen Adventgeschichten mich besonders berührten, wie jene vom

Krippenaufstellen, in welcher der Dichter beschreibt, wie er seine Schwester zwischen die Knie klemmte, um ihr das längste Haar auszureißen, damit der Gloriaengel über der Krippe aufgehängt werden konnte.
Ich habe mich beeilt, um zu den Waggerl-Fensterläden zu kommen und als ich ganz andächtig beim Streichen war, stand der würdige Herr neben mir und meinte: „Junger Mann, Sie wissen schon, dass auch Ihr Beruf der eines Künstlers ist. Es ist nämlich eine große Kunst, nur die Rahmen und nicht die Scheiben zu streichen".
Ja, und seither ist mir Karl Heinrich Waggerl auf eine besondere Art gegenwärtig, wenn ich im Advent in seinen Büchern lese.

Was i dir wünsch:

A wengerl a Glück
und a bissl an Reim
und wanns da guat geht,
dann soits a so bleim.

A wengerl an Frohsinn,
nit zweng vo da Freid
und über d'Nacht hi
a recht schene Zeit.

Thomasnacht

Mit der längsten Nacht im Jahr, der Thomasnacht, verbindet sich viel Aberglauben. Orakel befragen, das war früher in manchen Nachbarschaften gebräuchlich. Da wurden neun Hüte in der Stube aufgestellt, unter denen Symbole versteckt waren. Jeder, der das Orakel befragen wollte, musste vor die Tür gehn, während drinnen die Symbole vertauscht wurden. Wenn er dann wieder in die Stube kam, durfte er drei von den neun Hüten heben.
Großes Glück bedeutet, wenn jemand den weißen Zwirn erwischt, das Geldtascherl verspricht Reichtum, ein Schlüssel die Macht im Haus. Weniger Freude bereiten zum Beispiel der Kamm, der lausige Zeiten voraussagt, oder ein Sack, der Abschied bedeutet. Eine Puppe verspricht Kindersegen. Ein Ring prophezeit eine Hochzeit, wem der Rosenkranz zufällt, der wird eine große gute Tat begehen. Das Schlimmste ist der schwarze Zwirn, der den Tod bedeutet.
Das war das Orakelbefragen zu Zeiten, in denen man noch nicht vor dem Fernseher gesessen ist und noch keine Videospiele kannte.

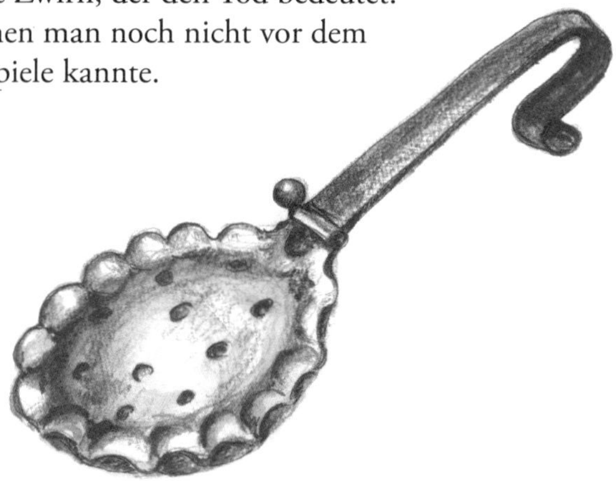

Abend im Advent

Wenn an an Abend im Advent
ganz hoamelig a Kerzn brennt,
von der mancher Wachstropfn rinnt,
wann de Familie am Abend zsammkimmt
und ma de Wärm vom Kachlofen gspürt,
dann is des so richtig was fürs Gmüat.

Amoi da Wind sei

Amoi da Wind sei und über de Täler ziagn.
Amoi da Wind sei und mit de Woikn fliagn.
Amoi da Wind sei und ums Haus umawahn.
Amoi da Wind sei und den Kirchturmgockl drahn.
Amoi da Wind sei und rauschn im Woid.
Amoi da Wind sei, amoi warm, dann wieder koit.
Amoi da Wind sei und die Haar a weng streicheln.
Amoi da Wind sei und dein Körper umschmeicheln.
Amoi da Wind sei und mit Schneeflocken spieln,
Amoi da Wind sei, wär ganz nach meinem Willn.
Amoi da Wind sei, wia war doch des sche,
kunntst alle was pfeifn und dann wieder vageh.

A bsonders Geschenk

An am Spätherbsttag hats des Schicksal so wolln, dass i unserm Viechhändler woi des Lebn grett hab und mit eam am jungen Goaßbock und am halbjährigen Lampi. Sei Transporter war aus ungeklärter Ursach auf dem Forstweg über de Böschung gstürzt und is seitlich zliegen kemma.
Damois – i war grad elf Jahr alt – da bin i grad vom Beerenbrockn aufn Hoamweg gwesn und hab des Unglück gsehn, und weil der Viechhändler bewusstlos und eiklemmt woa, bin i so schnell wia möglich zum Gendarmeriepostn grennt und hab des gmeldt. Mei Wegbeschreibung war in der Aufregung nit de beste, deshoib hat mi der Gendarm ins Auto packt und is mit mir zur Unglücksstelle gfahrn. Es war a trauriger Anblick. De Viecher ham plärrt und oisse war drunter und drüber, aber der Viechhandler hat a Riesenglück ghabt und hat den Unfall guat überstondn und i war froh, wia i hoamgeh derfn hab.
Eigentlich hab i des Ganze scho vergessn ghabt, da is an an Abend mittn im Advent der Viehhändler auftaucht und hat si bei mir bedankt, dass i bei seinem Unglück so guat reagiert hab. Dann hat er mi mitgnumma und is mit mir zum Bauernhof vo meine Großeltern gfahrn, und da hab i dann gstaunt: Da san der Goaßbock und des Lampi vo dem Unfoi bei de Großeltern im Stoi gstandn und der Viechhandler hat gsagt, de zwoa de ghean hiazan mia. Und fürs Fuattageld wead er a aufkemma, des hat er mitn Großvata scho ausgmacht.
Mei, war i stoiz. I bin a richtiger Bauer, is ma gschossn. I hab zwoa Viecher, für de i verantwortlich bin. Und se san prächtig gwachsn. Ausn Lampi is a Widder wordn mit eikringlte Hörner und a da Goaßbock hat de schenstn Hörner kriagt, de ma si denkn ko.

Des wa eana aber boid zum Verhängnis worden. Da Onkel, der war nämlich a Krampuslarfnschnitzer und dem san de schen Hörner ins Aug gstochn. Alle Jahr am Beginn vom Advent is vom Abstechen de Red gwen, und wia i dann in de Lehr kemma bin, hab i koa Zeit mehr ghabt, de zwoa Viecher zu fuattan und zu pflegn. Und da is ma da Herr Pfarrer eigfoin, der ja a kloane Landwirtschaft betrieben hat und dem hab i mei Schicksal zuatragn. „Schau", hat er gsagt, „I hab da a paar Pinzgauer Goaß, de gfrein si auf so an schen Goaßbock, und fürn Widder findt i bei de Schafi a an Platz. Und wannst Zeit hast, dann kimmst und hilfst mir in der Landwirtschaft." So wars dann a, bis de Viecher an Alterschwäche eiganga san und eane Hörner, de san dann auf mei Krampuslarfn kemma.

De Gschicht mit de Schutzengel

Eigentlich denkt ma heitzutag vü zu wenig an sein Schutzengel. Ma nimmt oisse ois so selbstvaständlich hi und denkt grad: Hab i an Reim ghabt und a Glück. Dabei ham de Schutzengel in da heitign Zeit vü mehr Arbeit wia friara, wias no koane Auto und Flugzeig gebn hat. Und da moan i, wann si Schutzengel üba de friaran Zeitn untahoitn, dann kinnans im wahrsten Sinn des Wortes vo da guatn oitn Zeit redn, wos hoit grad amoi an Senner vorm Abkugln, an Hoizknecht vorm Unteikemma und an Bauern vor an Huaftritt bewahrn ham müaßn.
Oda vielleicht a Köchin davor, dass sie si vabrennt, und trotzdem ham a de Schutzengel zur selbigen Zeit allerhand Malheur nit vahindern kinna. Natürlich san so Schutzengel a vo Zeit zu Zeit amoi arbeitslos wordn.
Und so ham si agratt drei arbeitslose Schutzengel in Bethlehem eigfundn in der Zeit, bevor des Jesukinderl auf d'Welt kemma is. Obwoi Gottvater scho an mächtigen Schutzengel mit an Haufn so kloane Gehilfen einteilt hat, ham si de drei no gschaftig machn woin. Mei liawa, da sans aba dem großen Schutzengel grad recht kemma. Glei so außigstaubt hat ers, ausn Stoi. Aba weils scho amoi in da Gegend warn, ham se si do nützlich gmacht. In da Nachbarschaft hams a vairrtes Schafi wieda zur Herdn bracht, dessn Schutzengel hat si an Flügl brochn ghabt, sodass ma moana mecht, dass a a Schutzengel an Schutzengel brauchn kunnt. Ja, und an kloan Vogl hams aufgscheicht, bevor er von da Katz dawischt wordn warat, weil dem sei Schutzengel hoit a neigierig woa, was in dem Stoi los is, und a Wiesel is davor bewahrt wordn, dass in a Mausfalln einitappt.Des Wiesel hat scho so an oitn Schutzengl ghabt, der eam neama recht nachikinna hat, aba wer a Schutzengel is, der hilft a an anderem aus.

Eisschokolade

Wenn man nach vielen Jahrzehnten an die eigene Kindheit in einer Großfamilie zurückdenken kann, dann fällt einem natürlich auch das Naschen ein, weil es allzu selten vorkam, dass wir schon vor Weihnachten ein Stück Kletzenbrot oder einige Kekse bekamen.

Wäre da nicht die große Mutterliebe gewesen. Unserer Mutter ging es wahrscheinlich ans Herz, wenn sie sah, wie andere Kinder schokoladeverschmierte Münder hatten und ihre Buben mit wässrigen Augen zusahen, wie diese Kinder auch noch ihre süßen Finger abschleckten.

Bei uns gab es höchstens zu Weihnachten eine kleine Tafel Schokolade für jeden von uns fünf Buben. Freilich kam am Heiligen Abend auch eine Nachbarin mit einer Tafel Schokolade vorbei. Erst später kam es mir in den Sinn, warum sie das machte. Sie ergötzte sich zunächst daran, wie schnell wir die Schokolade aufgeteilt und gegessen und dabei unser feierliches Gewand bekleckst hatten. Dann war sie wohl zufrieden, den armen Hascherln eine Freude bereitet zu haben.

Aber so arme Hascherl, wie sie meinte, waren wir nicht. Wir bekamen mit dem ersten Schnee nämlich Eisschokolade. Auf den ersten Schnee mussten wir deshalb warten, weil wir damals noch keinen Kühlschrank hatten und Gemüse und Obst noch im Keller lagerten.

Aber wenn dann der erste Schnee kam, begann für uns ein süßer Tag. Unsere Mutter machte Eisschokolade. Das war ganz etwas Besonderes. Heute denken wahrscheinlich die meisten dabei, es handle sich um eine Schokolademilch mit Vanilleeis. Doch das ist weit gefehlt. Mutter hatte kleine Formen mit einem Durchmesser von vielleicht zwei bis drei Zentimetern, wie große Pralinen. Sie machte aus Kokosfett, Kakaopulver, Staubzucker und Vanillezucker eine Masse und goss diese in die kleinen Formen.
Unsere Aufgabe dabei war, den Schnee zu holen. Dazu drückte sie uns einen großen emaillierten Weitling in die Hand. Dieser Weitling musste ja oft für allerlei herhalten. Etwa zum Teiganrühren oder zum Händewaschen.
Nun aber wurde dieser Weitling mit Schnee gefüllt und in diesen steckten wir die kleinen Formen mit der noch flüssigen, selbstgemachten Schokolade. Die Vorfreude war dabei riesengroß, schließlich wussten wir, dass diese Eisschokolade kurzlebig war, da man sie nur eiskalt aufbewahren konnte, was zur damaligen Zeit ja nicht möglich war.
Wenn die Eisschokolade fest und eiskalt war, dann ist es sicherlich nicht schwer, sich fünf Buben vorzustellen, die mit riesigem Genuss diese Eisschokolade vernaschten und deren Mutter mit feuchten Augen dieses Bild sichtlich genoss.

Advent in da Stadt

In de Altstadtgassln, in de engen,
wuzlt ma si durch de Mengen,
de bei uns den Advent eifanga woin
und si beim Dom de Stimmung hoin,
von der sie glauben, des wa Advent,
wia man schena gar niagns kennt.
Am Portal vorm Dom da singt a Chor,
de Menge druckt si zsamm davor,
damits a weng was hean und sehn
und wars grad durch de Kamera gwen,
de ma in de Höh gern aufihoitn wü,
ganz oafach grad mit dem oana Zü,
dass ma si dahoam gmüatlich und nett,
des oschaun ko, was ma oisse gsechn hätt,
wenn da nit so vü Leit gwen wan,
de nur stoßn, schiabn und drahn.

Was guats

Rumkugel, Zimtstangerl, Linzeraugn,
Kokosbusserl, de oan entgegnschaun.
Vanillekipferl und Lebkuchn zu Hauf,
san hiazan scho am Keksteller drauf
und valoatn zum Naschn auf a bsondre Art,
wo der Geschmacksnerv auf diese Reize wart.

Wiaso oiwei i

Bua geh zum Krama, holst a Wurscht und a Brot
und schau amoi nach, ob er scho s'Wochnblatt hat.
A Müch soist nit vagessn und a nit a Mehl.
Geh weita, beeil di und bring uns des schnell!
Lass oisse grad oschreibn, i zahl nachat scho,
sobald i auf d'Wochn mein Lohn wieder ho.
Siachst, und da kimmt ma vi,
hab i ma denkt: Wiaso oiwei i.

Dann hats wieder amoi ghoassn:
Geh Bua moasst schnell roasn,
geh abi in Kella um an Kübe voi Koin
und a füadal Hoiz wa a no zan hoin.
Wannst scho unt bist, dann warats rar,
schaust nach, ob no a Bier unten wa.
Siachst, und da kimmt ma vi,
hab i ma denkt: Wiaso oiwei i.

Wann ma da Älteste is, des is a Plag,
da kimmst hoit dann dro den ganzn Tag.
Pass aufn Gerhard auf, war öfters zan hean.
Gib an Dirndl den Zuzl, dass aufheat zan rearn.
An Siegi putz d'Nasn, in Haschtei bindtsd d'Schuah,

BÄCKEREI

an Woidl gibts an Scherz, sunst gibt er koa Ruah.
Siachst, und da kimmt ma vi,
hab i ma denkt: Wiaso oiwei i.

Es hat a Zeitn gebn, wias oft z'Weihnachtn war,
wo ma ois Ältester a a wengerl im Vorteil war.
Nämlich dann, wanns ums Gwand ganga is.
I habs neiche kriagt und wanns ma z'kloa wordn is,
is für den nächstn wieder eipackt worden, ganz gwiss.
Siachst und da kimmt ma vi,
hat der si denkt: Wiaso oiwei i.

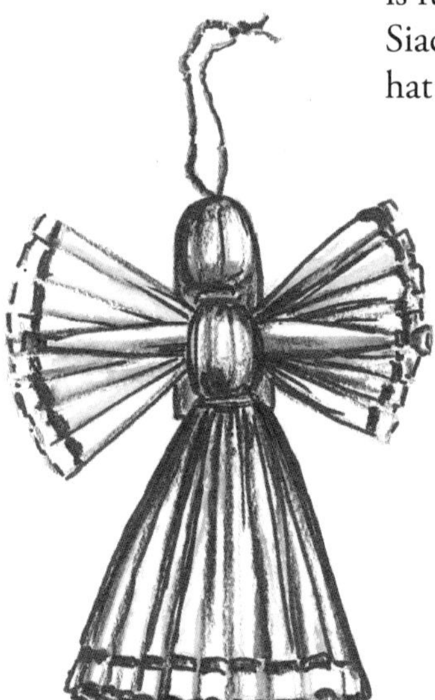

Lass mi bei dir sei

Lass mi bei dir sei, i brauch dei Näh.
Lass mi bei dir sei, tua ma nit weh.
Lass mi bei dir sei, i loanat mi gern o.
Lass mi bei dir sei, und geh nit davo.
Lass mi bei dir sei, du bist mei Hoit.
Lass mi bei dir sei, ohne di is ma koit.
Lass mi bei dir sei, grad jetzt im Advent,
lass mi bei dir sei, i bin di so gwöhnt.

Weihnachtsmorgen

Morgen ohne Sorgen.
Schachtln ois wia.
Schokoladenpapier.
Spüzeig umadum.
S'Gschirr in da Stubn.
Kopfweh obndrei,
muas denn des sei?

Wintervorrat

A ganz wichtige Sach war in unserer Familie des Beerensammeln im ausklingenden Summa. Schwarzbeern hama im kloan Schwarzbeermoas von de Großeltern brockt. Des war nit so weit weg vom Hof, auf an kloan Hügel, zu dem ma vom Hof aus higsehn hat. Da hama uns oiwei in de kloan Mulden einighuckt beim Brockn, damit uns neamd siacht. Oamoi da hat uns de Großmuatta dawischt und da hats an gscheitn Wirbl gebn, weils de Schwarzbeern fürn Schnaps braucht hätt.
Ja und donn woa natürlich de Preiselbeerzeit. Da hama scho auffi müassn ins Schneeberggebiet. Des war a Arbeit, de uns nit so taugt hat. Erstens warn de Preislbeer nit so guat wia Erdbeern oda Schwarzbeern zum Naschn und zweitens hats elendig lang dauert, bis a jeder sei kloans Küberl voighabt hat. Wann aba dann im Keller de Marmelade in de Regale gstandn is, dann hama uns wieder alle miteinanda gfreit, weil ma damit unser Essen verfeinert ham. Zum Beispü Polenta. Polenta hats ja mindestens oamoi in da Woch gebn. Weil ma den gar nit gern gessn ham, hat de Muatta den Polenta in kloane Schüsserl gebn, hats koit wean lassn und dann entweda an selbagmachtn Sirup oda a Marmelade drüber tan und scho war so a Polenta des herrlichste Essen.

Wann i an de Zeit zruckdenk, dann falln ma a de Marmeladepalatschinkn und des Hollerkoch ei. De bachna Äpferadl mit Zucker und Zimt warn so guat und de Schüsserlkrapfn mit Preiselbeermarmelade in da Mittn.
Am wichtigsten warn aba diese Marmeladen für de Bäckereien im Advent. Da hats aus heitiga Sicht de unmöglichsten Kreationen gebn. Linzeraugn mit Schwarzbeermarmelade, winzige Preiselbeerschnitten und Kekserl mit Erdbeermarmeladenglasur. Oanzig bei de Äpfi und Birn war de Großmuatta nit so schuftig. Zwar warn diese Maschanzkaäpfi recht kloa und ham vü Matzn ghabt, aba eana Gschmack war einzigartig. Heit is de Sortn, glaub i, fast ausgstorbn. De Birndl warn sper und kloa, aba wanns kocht und im Einweckglasl warn, dann hat ma des Spere neama gspürt. De Kirschn für de paar Glasl Kirschkompott in unserm Kellerregal hama uns sauer bei da Arbeit am Hof vadeana müassn, aba grad in da Adventzeit war de Freid über diese Kostbarkeitn am größten.
Wann ma heit selba sowas nachkocht und nachmacht, dann schmeckt des zwar a recht guat, aber irgendwas fehlt dem Ganzen doch: Es is des Sammeln vo de Beeren, der Gschmack vo friara und a de Stimmung vo dera Zeit.

Kripperlgschichtn

Wann i so zruckdenk, dann hats eigentlich fast alle Jahr a andere Krippn gebn und jede woa mit irgendeiner Gschicht verbunden, und was warat denn a adventliche Stund, wann ma da nit auf de Kripperlgschichtn denkn tat.
Da Großvata, tröstn Gott, der hat si oiwei vü Zeit für mi gnumma. Oamoi da hama scho im November ogfangt mitn Kripperlbaun. Er war ja ein Künstler mitn Holz. Gschrettlt nach oitem Muster und aufzimmert, wias früara woa, und aufs Dach san winzige Schindln kemma. De hab i machen derfn, weil i da nix vahaun kinna hab. Dann hamma an der Außenseitn no an Kamin zuawigflickt und des Kripperl hat scho nette Formen ognumma. Da Vorplatz woa zwar recht kloa, aba a Brunnen hat no Platz gfundn und a paar Stoandl und a Zweigerl ois Bam bei da Hüttn. Lang hama braucht, bis fertig woa unser Krippenhäusl, aba mia warn stoiz drauf, und nachdem scho boid Weihnachten vor da Tür gstandn is, san si de Krippnfigurn neama ausganga zum Schnitzn. Da Großvata hat gmoant, dass ma de Figuren dann halt vor dem nächsten Advent schnitzn, was ma a wengerl load do hat. Dahoam hab i dann vo der schen Kripperlbastlerei vazöht und da is da Vata kurz vaschwundn und kimmt drauf mit an Tüachl daher, in des was eigwickelt woa. Er legts aufn Tisch hi, und was soit i sagn?

De Maria und da Josef und des kloa Jesuskindl, an etla Schafi und sogar zwoa Hirtn kemman zum Vorschein. A Hausierer, vazöht da Vata, hat a Geld braucht und so hat er eam de Figurn abkauft. Leider hat er koane Heiligen Drei König ghabt, aba des war in dem Foi nit so tragisch. Dann hat da Vata gmoant, i soit no amoi zum Großvata lafn und fragen, ob i es Kripperl mit hoamnehma derf. Voller Freid hab i mi aufn Weg gmacht und wia i zum Hof zuawikimm, da sich i auf an Stempen a Voglhäusl, des no nia dagstandn is und wia näher i zuawikemma bin, umso bekannter wead ma des Häusl … unsa Krippnhäusl. Wia i den Großvata zur Red gstellt hab, hat er gmoant, dass des Kripperl, bis de Figurn gschnitzt san, a nit lar umanandasteh soit, und so soin si dawei de Vogerl drüba gfrein. Na ja, hama zerscht a Häusl ohne Figuren ghabt, so hama dann Figuren ohne Kripperl ghabt. Da Vata hat aba im Woid a vadrahte Wurzn gfundn und de woa ois Krippn a recht sche. Des Voglhäuserlkripperl aba, des ham de Vogerl so gern ghabt, da sans alle daherkemma. De Spatzn und de Finkn, Gimpel und Stieglitz, und so warn de Vogerl in dem Jahr de Krippnfiguren in unserm Kripperl beim Großvata.

Waldkripperl

Da Großvata war Jahrgang 1898, und so weit i nur zruckdenkn ko, hat er mia meine Wünsche erfüllt, soweits hoit möglich war. Da is in da erstn Klass Voikschui de Frag auftaucht: Wer hat dahoam a Weihnachtskrippe? I war an dem Tag recht traurig, weil mia dahoam koa Weihnachtskripperl ghabt ham, und in dieser Traurigkeit bin i zum Großvata ganga und hab eam mei Leid klagt. Da hat da Großvata gmoant: „Pass auf, des hama boid! Hiaz gehst mit mia in Woid und da sammeln mia Taxzapfn. Oiss, was du finden kannst. Fichtnzapfn derfn dabei sei und Lärchenzapferl, und wann ma a paar Eicheln finden und Haselnussn, dann nehma ma de a mit." Ja sogar a paar Zirbenzapfn hama gfundn und Bucheckern. A paar Moospoisterl san a no ins Körbi einikemma. Da Großvata hat sei kloans Hackl mitghabt, des war ganz a bsunders Hackl für Rechtshänder und mit dem hat er a Fichtnbaumrinden vo an umgstürztn Bam abagschält. Dann sama mit unsere Schätze hoamgang aufn Hof. De Oma hat zerscht amoi gschimpft, wia ma vor da Hausbank oisse ausglat ham, weil da natürlich a einiges davogfoin is. Hiaz muas ma si vorstelln, dass bei uns am Hof so a gmüatlichs Hausbanki war mit an Klapptischl und da hama dann zan werkeln ogfangt. Aus de Bamrindn hat da Großvata a kloane Hoizknechthüttn baut. Aus de

Taxzapfn hat er Mannei gmacht, de Bucheckern ham a feins Astl durchgsteckt kriagt und da is vorn a Kügerl draufgsteckt worn und des hintere End war a Schwanzl und fertig warn glei a paar Schafi. A wengerl an Leim hamma scho braucht, damit oisse ghoitn hat. Da Esel woa dann a Zirbenzapfn und da Ochs a kloana Tannenzapfn, in de ma Zündhölzl ois Haxn einigsteckt ham. Maria und Josef warn aus Lärchenzapfn mit Köpf aus Hoizkugerl. Dann hat in Großvata sei Schneiztüachi dro glaubn müassn. Es war scho oans, in des er no nit einigschneitzt ghabt hat. Und da hat er für de Maria a Stückl für an Umhang abagschnittn. Aus an grean Fetzerl hat dann a no da Josef so was wia a Gwandl kriagt. Mia is viakemma, dass da Josef si was schenas vadeant hätt, aba da hama nixi ghabt. Des Ganze hat da Opa auf a dünnes Brettl auffigleimt, den Boden mit Moos belegt und a paar winzige Astl ois Bam dazuagstellt. A paar Haselnussn san wia Stoana umanandaglegn und dazwischen san de Schafi gstandn. Es war woi de oafachste Krippn, de ma si vorstelln ko, aba für mi wars in dem Jahr de schenste, weil ma oisse selba zsammgsuacht und selba baut ham. Sogar da Herr Lehrer hat gmoant, dass er so a originelle Krippn no nia gsehn hat. Leider hats nur oan Advent lang ghoitn.

A moderne, vorweihnachtliche Krippn

Vor Weihnachten is ja in unserem Kripperl recht stad zuganga, weil uns da Vata da oiwei beim Kripperlaufstelln die Weihnachtsgschicht vazöht hat. Und da hat er oiwei gsagt: Schauts, des is ja der Stoi, zu dem Maria und Josef erst vor der Heiligen Nacht kemman, wo dann des Weihnachtswunder gschehn wead. Drum bleibt bis zum Heiligen Abend der Stoi des, was er is – a ganz normaler Stoi. Und so woa grad da Ochs und de Krippn mit a wengerl an Heu drin und vorm Stoi zwoa Schafi. Uns Buama woa des zweng und so hama in dera Zeit vor Weihnachten a paar Henna vom Fuchs-und-Henn-Spü einigstellt. Oan vo de Füchs hama um de Eckn schaun lassn, aba so, dass er de Henna nit schreckt. Oana vo meine Brüada war im Kugelscheibn recht guat und dabei hat er oan vo seine Freind vier Zinnsoidatn abgwunna, de natürlich friedlich bei dera Krippn gstandn san. Zwoa kloane Spüzeigauto und a Lokomotiv ham si a recht guat gmacht und wann ma so gschaut hat, dann war eigentlich kaum no a Platz für die Heilige Familie, geschweige denn für Hirten und de Heiligen Drei Könige. Wia da Vata unsa Krippn gsechn hat, da hat er zerscht amoi a Zeit lang lachn müassn, bevor er uns erklärt hat, dass ma da zwoatausend Jahr a wengerl vamischt ham. Aba gfoin hat uns des Kripperl trotzdem.

Für de Katz

Vor langer Zeit da hamma uns an Strandkorb kauft. An sich siacht ma so oan ja selten in unserem Bergdorf, aber er hat scho einige Vorteile. Da bist vorm Wind und da Sunn gschützt, kannst de Fuaßstützn ausziagn, dass d'bequem sitzt, und hast seitlich a kloane Ablage für was z'trinkn oda a Buach. Nachdem a in de Jahre kemma is, hamman neu überzogn und gstrichn, dass a wieda schiaga wia neu war. Dann is da Herbst kemma und mit eam a neicha Gast. A streunende Katz. Ogfuattat vo da Gattin. Hoibseitig hats koa Fell mehr ghabt. Kaum wea hätt si um de kranke Katz gschert, zumoi ma nit woas, was so a Viech für a Krankheit hat. Aba ganz anders mei Frau: De hat a Foto gmacht vo der Katz mit dem grupftn Fell und hats da Tierärztin zoagt. De hat ihr teure Medikamente vakaft und auf Weihnachten hi is aft des Fell wieder gwachsn. Nur war de Katz vawildert und hat pfaucht, wann ma ihr zu nahe kemma is. Aber natürlich is sie guat gfuattat wordn. Für de Katz hat mei Frau nix greut. Nit amoi unser Strandkorb, den de Katz ohne Nam ois ihr Quartier beschlagnahmt hat. Auf mei Erwiderung, dass i den Strandkorb nit für de Katz renoviert hab, hats nur ghoassn: „Des arme Katzerl“. Ois Dank dafür hat mei Frau amoi schneidig ihre Krallen zan gspürn kriagt. Mei schena Strandkorb war, scho bevor da Winta kemma is, voller Katznhaar und voller Dreck und auf Weihnachten hi hab i dann gsehn: Mei Strandkorbrenovierung war im wörtlichen Sinn für de Katz, de si ihr Weihnachtsgeschenk selba ausgsuacht hat.

A Liacht für den Frieden

Sterndal am Himme,
am Fensta a Liacht,
damit ma den Schein
der Zeit a weng siacht.

A Liacht für den Frieden,
für de Hoffnung brennts a
und grad dieser Schein
is gar a so rar.

Winterabend am Bergsee

Koa Lüfterl geht und 's Wasser is glatt
und da Mond, der a feine Sichl hat,
der kimmt grad auffa übern Grat.
Wia si da Tag sche langsam abidraht,
da fangan Nebelschleier o zan ziagn,
de oft de seltsamsten Formen kriagn.
Schweben hi wia d'Wüdfraun in de Sagn,
de durt lange weiße Schleier tragn
und wann a Hirsch sein Brunftschroa macht,
in der Dämmerung der angehenden Nacht,
dann wead de Stimmung schaurig sche.
So kunntn Sagen und Märchen entsteh.

Koit

Koite Zechn, koite Händ,
koite Stubn, koite Wänd.
Koita Ofen, koita Tee.
De Kältn tat oft weh.
Wann ma nix zan hoazn hätt,
aft war da Winta gwiß nit nett.

Kloane Mäus

Heit ko koa Maus
mehr eina ins Haus.
Und doch, des is ja nix neis,
kemmans irgendwie in d'Speis.
Drei kloane Mäus
de woan grad in da Speis.
Ham d'Finga in Honig neigsteckt
und ham davo ordentlich gschleckt.
De drei kloana Mäus
woan mia, is ja nix neis.

Vogerlstammtisch

Beim Vogerlstammtisch letzte Wochn
ham si allerhand in de Äst obn troffn.
Da Specht der hat ois zsammaklopft,
an Sperber, Kauz und Wiedehopf.
Da Gimpel mit sein roten Bauch is kemma
und a Kreuzschnabl, a ganz a schena.
Moasal ham si eigstellt nach da Reih.
Braunellen und Lerchal woan dabei.
Spatzn, ja, Goidammern san a no gwen,
Bachstelzn, Rotschwanzl hat ma gsehn,
wann ma stad in de Büsche hat gschaut,
was de Natur fürn Vogerlstammtisch so baut.
Natürlich war da des Wichtigste ganz gwiss:
Wo in da Gegend übarall a Fuattahäusl is.
Platzl hat ma gegenseitig angsagt,
weil so vü Vogerl danach ham gfragt,
wo ma untersteh ko bei an Sturm
und wos no a Erdn gabat mit an Wurm.
Vo dem Treffn, und des is nit übertriebn,
san a paar Federn am Stammtisch bliebn.
Und für den, ders nit glaubt,
hab i a paar Federl zsammklaubt.

A warmes Herz

A warmes Herz in da koitn Zeit.
A warmes Herz macht so vü Freid.
A warmes Herz ko vieles gebn.
A warmherziger Mensch is a Segn.

Cora

Cora war ein Nymphensittich, ein grauer Vogel mit orangeroten Wangen und einer sehr lauten Stimme, die sich in unermessliche Höhen bewegte, wenn man Cora keine Aufmerksamkeit schenkte. Cora war der Star unserer Hackelhütte, wo ich jahrelang Hüttenwirt war. Ich hatte ihr mit viel Liebe und Geduld immer wieder den Anfang des Liedes: Alle Vöglein sind schon da, vorgepfiffen. So lange, bis Cora das Lied perfekt beherrschte. Coras Käfig war auf der Hackelhütte im Schlafzimmer, welches wir täglich stundenlang lüfteten, weil wir in diesem relativ kleinen Raum zu dritt schliefen. War Cora gut gelaunt, dann trällerte sie unaufhörlich: Alle Vöglein sind schon da … sind schon da ... sind schon daaa, wobei sie sich wie eine Diva benahm, wenn vor dem Fenster jemand Applaus spendete. Kaum jemand glaubte es, wenn wir erklärten, dass das Lied von einem Vogel gepfiffen wurde. Eines Tages saß der vom Fernsehen bekannte Karl Moik mit Gattin und Tochter auf der Terrasse, als sich Cora wieder einmal selbst übertraf, worauf Karl fragte: Was hast du da für einen Deppen, der immer das Gleiche pfeift. Auch er konnte es nicht glauben und so luden wir ihn mit Frau und Tochter in die Gaststube ein und setzten sie an einen langen Tisch, bevor ich Cora holte. Natürlich pfiff Cora nicht immer auf Kommando. Doch dazu hatte ich einen Trick: Einen kleinen Spiegel. Sobald sie sich darin sah, fing sie zu pfeifen an. Natürlich war Applaus und Gelächter gleichermaßen die Reaktion des Publikums, und Cora stolzierte auf dem Tisch auf und ab und nickte mit dem Kopf.

Am liebsten präsentierte sie sich vor einer Schar Kinder. Und in mich war sie so verliebt, dass sie mir einmal sogar ein Ei legte. Zum Advent hin wurde unser gastliches Haus am Berg winterfest gemacht und wir zogen in unser trautes

Heim ins Tal. Jetzt muss man wissen, dass wir zu dieser Zeit auch einen Hund namens Sarah hatten. Eine überaus liebe Collie-Hündin, in die auch unser Vogel verliebt war. Wenn wir Zeit hatten, durfte Cora natürlich aus dem Käfig und saß dabei am liebsten stundenlang auf meiner Schulter, um immer wieder mit dem Schnabel meine Barthaare zu kämmen und ab und zu ihren Kopf an meiner Wange zu reiben. Es war eine beiderseitige große Liebe, wobei Cora auch meiner Frau und unserem Sohn ihre Zuwendungen schenkte. Nun im Tal in der großen Wohnung blieb der Käfig immer offen und Cora flog auch bei offenem Fenster nicht davon. Wenn unsere Hündin Sarah auf dem Boden lag und schlief, dann setzte sie sich mit Vorliebe in das weiche lange Fell und rückte sich mit ihrem Hinterteil in kleines Nest zurecht. Auch Sarah wollte ihre Liebe zum Vogel einmal beweisen und schleckte mit der Zunge über Cora, sodass sie aus dem Fell geschubst wurde. Da kam sie richtig bei dem Vogel an. Cora verbiss sich für kurze Zeit in die Hundenase, und von diesem Augenblick an brauchte Cora die Hundezunge nicht mehr zu fürchten.
Dann kam die Adventzeit, in der meine Frau die Stube mit allerlei romantischen Sachen schmückte. Ein Strohstern war das allerliebste Spielzeug, welches schnell einmal in kleinste Teile zerfuzelt war, und als der Weihnachtsbaum geschmückt wurde, war es das größte Vergnügen für Cora, sich im Geäst zu verstecken. Das war die Zeit, wo sie dann meistens im Käfig bleiben musste.
Natürlich bekam Cora am Heiligen Abend auch ein Geschenk in Form von köstlichen Kernen, und immer, wenn wir ein Weihnachtslied anstimmen wollten, fing Cora an, ihr *Alle Vöglein sind schon da* zu trällern, sodass wir schon so manches Mal versucht waren, an Stelle von Stille Nacht einfach einzustimmen.

Gedanken zum Jahr

Wo des oite Jahr aufheat, fangt des neiche scho o
und des neiche tuat weita, so guats nur grad ko.
Mia lassns lafn, nehmans o, wias grad kimmt,
moi würz mas mit Zucker, Vanille und Zimt,
dann wieder weads pfeffert und gsalzen,
weads bratn, kocht und weads gschmoizn.
Und schaut ma in d'Welt, was si durt a so tuat,
dann drahn ma uns desmoi vom Unglück nit furt,
sondern helfn, wos not tuat, so guat ma grad ko,
weil ma ja nur helfn und nix rückgängig machn ko.

Aufs Jahr

Aufs Jahr soit oiße anderst wean,
aufs Jahr da pack ma schneidig o,
aufs Jahr, so sagt ma hoit recht gern,
aufs Jahr da fang ma nachat o.

Abend weads

Abend weads, da Tag entweicht.
S'Abendrot übers Gebirg herleucht.
Zwischn de Gebirgskonturn
siacht ma a poa Nebelspurn
und hint, ganz schemenhaft in da Fern,
zackige Gipfi, de zu de Tauern ghean.
Advent, mei wia gach de Zeit vergeht
wann ma mittndrin im Leben steht.

A bsonderer Teddy

Auf an Kastl in da Stubn da sitzt a oita Teddybär, den amoi mei Frau ois kloans Mäderl von ihrem Vata zum vierten Geburtstag gschenkt kriagt hat. Damois war da Vata scho schwer krank, und so tragisch, wia des Leben oft spielt, is da Vata nimma gsund wordn. Des Mäderl war so traurig, dass es auf oamoi koan Papa mehr ghabt hat und so hats ihren ganzn Kummer in des Teddybärenfell einigwoant. Sie hat dem Teddybären aba a alle schen Sachn erzählt und sie hat eam a Geheimnisse anvertraut. Des Mäderl, von dem da de Red is, hoasst Margarete, aba alle sagn Grete zu ihr. Oamoi hats dem Teddy erzählt, dass da Papa vo ihrer Freundin Christl so nett zu ihr woa und ihre Freundin woa drauf so eifersüchtig, dass sie gsagt hat, sie derf nimmer auf Besuch kemma. Ganz traurig woas danach, weil da Papa von der Freundin zu ihr wia a zweita Papa woa, der so nette Gschichtn woas.
Damals hats no fast nirgends an Fernseher gebn, und wea oan ghabt hat, der hat natürlich zu gwissen Sendungen a paar Leit aus da Nachbarschaft eingladn. Ja, des war damals ganz was Bsonderes. De Kinder aus da Nachbarschaft ham si jeden Abend um kurz vor sieben am Abend des Traummännlein anschaun derfn, bevors dann zum Schlafngeh hoamgschickt wordn san. Nur de Grete hat nimmer schaun derfn. Des is a boid dem Papa von da Freundin aufgfoin, dass des Mädl nimmer kimmt, und so hat eam sein Tochter gsagt, warum se si gstrittn ham. Da hat ihr Papa erklärt, warum ma bsonders zur Grete liab sei soit. „Schau“, hat er gsagt, „de Grete hat koan Papa mehr und vielleicht mecht si sich deswegn a bissl bei mir anlehnen, deswegn hab i doch dich um koa bissl weniga liab“. De Christl hat des eingsehn und hat dann de Grete wieder zum Fernsehen eingladn. Dafür hat de Christl a ab und zua mit dem Teddybären von der Grete

spün derfn. Seitdem hat de Grete den Papa von da Christl a „Papa Josef" nenna derfn. Aba da Papa Josef hat der Grete nit den eigenen Papa ersetzn kinna, und so woa der Teddy vo ihrem Papa immer bei ihr. Er is mit ihr schlafn ganga, er is mit ihr beim Frühstückstisch gsessn und sie hatn mitn Loatawagerl spaziern gfahrn, weils ja koa Puppnwagerl ghabt hat und natürlich a koa Puppn. Mit der Zeit is der Teddy aba dann doch recht in Mitleidenschaft zogn wordn. Oamoi is a Aug locker wordn, und des hat de Mama wieder gricht, aba seither hat ma des Gfühl ghabt, er schiaglt a wengerl. A andersmoi hat a Ohr nei ognaht wean müassn. De Pfotn ham dann a amoi a Behandlung braucht, weil des Stroh scho a wengerl durchschaun ogfangt hat. Da hats dann mit da Mama diese Wunden mit an Leukoplast verbunden, des ja eh so a ähnliche Farb wia da Stoff an de Vorderpfoten hat.
Und weil der Teddybär scho so armselig ausgschaut hat durch des Spielen und de vielen Liebkosungen und de Umeinandaschleppereien, war er eines Tages im Advent verschwunden. Grete hatn im ganzen Haus gsuacht, si hat nimmer schlafn kinna ohne ihren Teddy und war tieftraurig. Sie hat si nimmer auf Weihnachten gfrein kinna ohne Teddy, es hat ihr des Essen ohne eam nimma gschmeckt und sie hat jeden Abend zu ihrem verstorbenen Papa und zum lieben Gott gebetet, dass sie ihren Teddy wiederfindet, woa er doch des einzige und letzte Geschenk vo ihrem Papa.

Dann is Weihnachten kemma und des Christkind hat an schen Christbam bracht und unter dem Christbam is a schena, naglneuer Teddybär gsessn mit an Zetterl, auf dem gstandn is: Für Grete. Grete hat si über den Christbaum mit de Sternwerfa gfreit und über den ganzn Glanz, aba ohne ihrn Teddy vom Papa war alles nur halb so sche. Sie hat zwar den Teddy unterm Bam aufghobn und hatn betracht, aba dann hatsn auf d'Seitn glegt und hat zur Mama gsagt: Den mag i nit, der is nit vom Papa. Und so is sie dann ganz traurig schlafn ganga – ohne den neichen Teddybären. Und dann hats tramt vo ihrem einzig liaben Teddybären, was sie alles gemeinsam erlebt ham, und mitten im Traum hats um ihren Teddy gweint und wias in da Fruah am Weihnachtstag munter wordn is, da is auf oamoi ihr liaba oita Teddybär vom Papa wieder neben ihr im Bett glegn und sie war so glücklich, wia si no nia gwesn is.
Heit is de Grete selba Mama und a scho Oma und sie hat ihren Enkerln a de Geschicht von ihrem liebsten Teddybären erzählt.
Zu diesem Teddybären auf dem Kastl ham si mit den Jahren immer mehr Teddybären dazuagesellt, sodass Grete mittlerweile über hundert Teddybären hat. Manche san sogar recht wertvoll, aba koan hats so lieb wia den zsammgflickten und oft reparierten Teddy von ihrem geliebten Papa.

Heiliger Abend im Dienst

Bis zu meinem 17. Lebensjahr bin i am Heiligen Abend oiwei dahoam gwesn. Obwoi seit meiner Lehr des Hoamkemma nit oiwei grad erbaulich war. Nachdem i der Älteste von den Gschwistern war und somit a ois erster a eigenes Geld vadeant hab, warn ma meine Brüada oiwei a wengerl neidig drum. I bin ja scho mit 17 Jahr von dahoam auszogn. Mei Lehrmoasta is kurz vor meiner Gesellenprüfung an ana Bluatvergiftung gstorbn und so is der Betrieb nach meiner Gesellenprüfung gschlossn wordn. De Chefin hat man no um an guatn Postn gschaut ois Hotelmaler in Badgastein. Naja, da hab i hoit in der Zwischensaison Zimmer ausmalen, Fenster streichn und heut oisse mögliche ostreichn müassn, was notwendig war. Eigentlich woas sche. Am schensten woa de Kaffeejausn am Nachmittag. Da hats oiwei a frisches Schwarzbrot gebn, und nachdem i im Wachsn war und somit den ganzn Tag an Hunga gspürt hab, da hab i ois Rekord amoi elf Butterbrot mit Marmelade gessn. Zwischenzeitlich hab i zwoamoi in da Woch an Kurs beim Hoteldirektor machen müassn, wobei i als Nachtportier oglernt wordn bin. I war erst 17 Jahr, wia i im Dezember 1965 des erste Moi in da Portierloge gstandn bin. Es war a schwere Zeit für mi. I hab kaum Englisch kinna, und so a Nachtdienst is ma schwar wordn, weil i des oafach nit gwöhnt war, a ganze Nacht auf z'bleibn.
Bis Mitternacht woas ja recht abwechslungsreich, weil oiwei irgendwer was braucht oda a Auskunft benötigt hat. Aba dann is zach wordn. Um oans hab i scho Gähna ogfangt. Um zwoa hab i scho fast de Augn neama aufdahoitn, und dann hab i so im Hoibschlaf dahingedöst und bin jedesmoi furchtbar daschrockn, wann wer de Glockn druckt hat.

Zum Hotel hat a no a Angestelltenhaus gheat. Des woa direkt neben einer Tankstelle. Ein Mansardenzimmer hab i da ghabt, a ganz a kloane Bude, sagat ma heit. S'Klo war am Gang und des Wasser zum Waschn hat ma si in ana Schüssl ins Zimmer ghoit. Wann i ehrlich bin, dann hab i damois ganz sche Hoamweh ghabt.
Im Hotel is im Dezember oisse a wengerl adventlich gschmückt wordn und im Foyer is a Christbam mit lauta silberne Kugln gstandn. Wann i des oisse so betracht hab, dann is ma de schene Adventzeit vo dahoam eigfoin. S'Rachngeh mitn Großvata, s'Kletznbrot, des Rorategeh und des Fraubetn. In dem Jahr war nix davo möglich und so hab i hoit de mehra Nacht a adventliches Hoamweh gspürt. Was is aba des adventliche Hoamweh gwen gegen den Nachtdienst am Heiligen Abend. Scho am Nachmittag is ma de Heilig-Abend-Jausn abgang. I bin in da Portierlogn gstandn und hab de Leit betracht, de si für den Abend sche gmacht ham und zum festlichen Dinner ganga san. Nit amoi a paar Keks hats für mi gebn. Damois hats dahoam no koa Telefon gebn und so war i vo aller Feierlichkeit enthobn. I woa traurig. So unendlich traurig und wann i kinna hätt, dann warat i am liabstn davoglafn.
Es wead woi scho neun Uhr am Abend gwen sei. Da is dann da Herr Direktor mit an kloan Packerl vorbeikemma und hat gmoant, dass des heit für mi abgebn wordn is, wia i nit dagwesn bin. Er hat mir a frohe Weihnachten gwünscht. Frohe Weihnachten. Wia soit i frohe Weihnachten haben, wann i da hinter der bledn Portierbudl steh und überhaupt nix vo Weihnachten gspür, wia is oiwei ghabt hab. I hab hoit „Danksche“ gsagt und des Packl auf d'Seitn glegt, weil grad

a Gast um sein Zimmerschlüssl kemma is. „Frohe Weihnachten, Herr Portier", hat er gsagt. Hiaz bin i oiso mit meine 17 Jahr a scho ein „Herr". Naja, a wengerl Freindlichkeit zwischndurch tuat scho guat. Jeds Moi, wann i des Packl aufmachn woit, is irgendwer daherkemma, und so is dann schiaga Mitternacht wordn, bis i dazua kemma bin. Mei, da hab i aba dann bled gschaut und nasse Augen kriagt. De Mama und da Papa wünschen mia frohe Weihnachten und se schreiben, dass i eana furchtbar abgeh. Ja, se mia scho a. Dann kemman Kekserl von da Mama zum Vorschein und a ganz a kloans Schachterl. In dem war a kloans goidanes Kreizerl drin und auf der Kartn mit de Weihnachtswünsche is gstandn, dass i des zu mein Herzerl am Halsketterl hänga soit und es soit mi beschützen, wann i in da Ferne bin. De ganze Nacht hab i in mein Dienst oiwei wieder an des Kreizerl greifn müassn, und i war ma ganz sicher, dass mit dem Packerl, des i vo meine Eltern kriagt hab, dann für mi doch no a wengerl Weihnachten wordn is, aba hoit erscht um de Zeit, wo i sunst in de Mettn ganga bin.

Am Weihnachtstag hab i bis Mittag gschlafn und bin nachn Mittagessn in de Kaiserpromenade spaziert. Diese Promenade war in jeder Situation sowas wia a Rückzugsort und Erholungsort zugleich. Des Bsondere woan da de Vogerl, de aus da Hand gfressn ham, und de Eichkatzerl, de a ganz zahm warn. Drum hab i oiwei a poa Bresl und Kerndl mitghabt. An dem Weihnachtstag da hams alle vo mia a wengerl was vo meine Weihnachtskeks von der Mama kriagt – und i woa neama traurig.

Ein außergewöhnlicher Weihnachtsabend

Unzählige Jahre lang habe ich im ORF, bei Radio Salzburg, drei bis vier Stunden lang mit Geschichten und Gedichten den Heiligen Abend moderiert und stimmungsvolle Weihnachtsmusik dazu aufgelegt. Meine Frau wurde oft gefragt, ob ihr das nichts ausmache, wenn ihr Mann an so einem Abend arbeiten müsse. Die Antwort meiner Frau war darauf, dass sie ja ihre pflegebedürftige Mutter zuhause habe und ihr Mann sei ja auch via Radio anwesend. Außerdem genieße sie diese Stimmung und sie finde es schön, dass ihr Mann an so einem Abend auch anderen Menschen eine Freude bereiten könne.
Eines Spätherbsttages im Jahr 1999 kam eine Anfrage der Wirtin vom Schlosswirt in Anif, ob ich mir vorstellen könnte, am Heiligen Abend nach meiner Sendung noch im Schlosswirt vorbeizukommen, um dem damaligen deutschen Bundespräsidenten Roman Herzog und seiner Gattin Christiane ein paar Adventgedichte und Weihnachtsgeschichten vorzutragen, weil dessen Frau eine treue Hörerin meiner Sendungen sei und sie sich einen Weihnachtsabend mit Herbert Gschwendtner wünsche. Natürlich habe ich das gerne gemacht und noch viel mehr dazu. Ich wusste ja, dass die Familie Herzog im bayerischen Landshut zuhause war und so habe ich meine Freunde von der Tiefenbacher Stubenmusik aus der Landshuter Gegend gefragt, ob sie einmal mit ihrem

Bundespräsidenten und seiner Gattin Weihnachten feiern möchten. Da bei allen Musikanten die Kinder schon groß waren, kam gleich eine Zusage.
Schließlich war der Heilige Abend da und ich bin nach meiner Radiosendung zum Schlosswirt nach Anif gefahren. Die Wirtin hat ein Gastzimmer für diese kleine Feier weihnachtlich geschmückt. Die Tiefenbacher Stubenmusik hat sogar ihre Hausorgel mitgebracht und ich bin sehr herzlich vom Präsidentenehepaar empfangen worden.
Nach dem Weihnachtsessen haben meine Freunde und ich dem sympathischen Paar einen stimmungsvollen Abend gestaltet, der wohl rührseliger nicht sein hätte können. Bei mancher Geschichte hat sich die Präsidentengattin vor lauter Rührung die Augen ausgewischt. Das Gefühl, nicht nur den Menschen am Radio, sondern auch diesem besonderen Paar einen schönen Weihnachtsabend beschert zu haben, begleitete mich auf dem Nachhauseweg, auf dem ich mich auch schon auf den Mettengang mit meiner geliebten Frau freute, um anschließend mit ihr gemeinsam Weihnachten zu feiern.
Später erfuhren wir, dass dieser Abend der letzte große Weihnachtswunsch von Christiane Herzog gewesen war, die damals schon von ihrer unheilbaren Krebserkrankung wusste und wenige Monate danach starb.

Vorm Fenster

Vo mein Platz am Stubntisch siach i direkt aussi zum Voglhäusl am Kirschbam. Den Kirschbam hab i seinerzeit so weit zum Haus zuawa gsetzt, dass i amoi direkt vom Balkon Kirschn brockn ko. Mittlereile derf i diesen Genuss schon seit Jahrzehnten auskostn. Vü wichtiger wia de Kirschn san aba de Vogerl, de in da koitn Jahreszeit zum Fuattahäusl am Kirschbam kemman. Des is aber von Jahr zu Jahr verschieden. Oamoi hamma so an tiafn, eisig koitn Winter ghabt, da is oiwei so um de Mittagszeit a ganza Schwarm Bergfinkn kemma, und weil de si andauernd gegenseitig vom Fuattahäusl verdrängt und um den Platz gstrittn ham, so hab i mia denkt, i häng a zweites Fuattahäusl dazua, dass mehra Vogerl zgleich was dawischn. Mittlereile sans drei Häuserl am Kirschbam.
Hiaz muas ma si den verschneiten Kirschbam mit de drei Häuserl vorstelln, was da tagsüber oisse los is. Ois erste kemman de Sperling. Eigentlich sagn ma ja „Spatzn" dazua. A wenn gnuag Platz is, de streitn oiwei, und de Dickstn unter eana san am streitsüchtigsten. Boid nachat scho de Sunn übern Berg aufablinzlt, dann kemman de Moasal. Da is adirm a Haubenmoasal dabei, dann a Spiaglmoasal oda a Blaumoasal. Oft amoi kimmt a a Gimpel oda a Rotkehlchen. Der Gegensatz von de zwoa Vogerl is gar so liab. Da Gimpel mit sein starken roten Bauch und des kloane, zarte Rotkelchen mit a wengerl an blasseren roten Kehlchen. Meine ganz großen Lieblinge san aba de Stieglitz. In manchem Jahr kimmt grad ab und zua oana zum Voglhäusl und dann is wieder a Jahr, wo sie

scharenweis eifoin. Des bunte Federkleid is gar so sche. Gelb, schwarz, rot und blau is eana Gefieder und se zähln zu de Finken. De Greafinkn derf i natürlich a nit vagessn und a ab und zu de oane oda andere Amsel, de neugierig is, was si im Kirschbam so tuat. De Vielzahl an Vogerl am Bam lockt aba manches Moi an Raubvogl und andere große Vögel o. So hat si amoi a Turmfalke an oana Fenstascheibn des Gnack brochn. Es hat uns natürlich in de Seel eini weh to, weil des so a prächtiger Vogel war. Auf de großn Wintergartenscheibn hama Papiervögl aufipickt, weil si durt a a Buntspecht an der großn Scheibn darennt hat. Oamoi is a verletzter Stieglitz am Balkon gsessn und hat si fanga lassn. Da hama unsan Vogelkäfig von der inzwischen verstorbenen Cora ausn Keller ghoit und ham den Stieglitz zur Pflege übern Winter drinna ghoitn. Vo de Voglfänger im Salzkammerguat hab i ma sagn lassn, wia i den Vogl übern Winter bringa ko, und des is uns a ganz guat gelungen. De Freid, de ma mit dem Vogerl ghabt ham, ko ma si nur schwer vorstelln. Des Schönste aba war dann der Augenblick, wo man wieder der Natur zruckgebn ham und erlebt ham, wia er wieder flott davogflogn is.
Und so schau i beim Fruahstuck und nebn dem Zeitunglesen oiwei wieder zu meine Vogelhäuserl am Kirschbam und gfrei mi über den lustigen und schönen Anblick.

Die weiße Amselfeder

Eigentlich wollte ich damals keine Amseln am Vogelhaus, weil sie einfach nur die Körner ausräumten und sie nicht fraßen. Stieglitz, Meisen und Spatzen mussten sich zeitweise sogar mit jenen Körnern begnügen, die durch das Rumoren der Amseln am Futterhaus auf dem Boden landeten. So war zumeist am Boden mehr los als oben beim Futterhäuschen. Meine Liebe zu den Amseln ist zwar auch recht groß, zumal ihr Frühlingsgesang die Morgenstunden unbeschreiblich schön und klangvoll gestaltet. Dennoch, ihre Unart am Futterhäuschen mochte ich nicht bis zu jenem Zeitpunkt, als eine Amsel mit einer weißen Schwanzfeder kam. Zunächst glaubte ich, meinen Augen nicht zu trauen: Eine schwarze Amsel mit weißer Schwanzfeder. Damals entging mir keine Amsel mehr ohne Kontrolle, ob es jene mit der weißen Schwanzfeder war. Besonders gerne versteckte sie sich tagsüber, wenn sie nicht gerade am Futterhäuschen war, im Gesträuch der Hainbuche des Nachbarn. Schon seit längerer Zeit bemerkte dies auch der Kater des Nachbarn und lauerte auf eine Unachtsamkeit des Vogels. Gerade an einem Adventsonntagmorgen, als die Familie um den Frühstückstisch mit dem Adventkranz saß, räumte diese Amsel gerade wieder einmal das Futterhäuschen aus, dass die Körner nur so flogen. Zuvor hatte sie meinen kleinen Liebling, das zarte Rotkehlchen, verjagt. Ich öffnete das Fenster, damit die Amsel das Futter in Ruhe ließ, und sie flog auch gleich hinüber zur Hainbuche des Nachbarn. Gerade als ich das Fenster schließen wollte, bemerkte ich den sich anschleichenden Nachbarskater, der sich auf die Lauer bei der Hainbuche legte. Ein Sprung des Katers, und er erwischte die schwarze Amsel mit der weißen Schwanzfeder mit seinen Krallen. Ich erschrak und zugleich stieß ich einen lauten Schrei aus, der den Kater für einen kurzen Moment innehalten ließ. In diesem Moment entkam „meine“ Amsel den Krallen des Katers. Die weiße Schwanzfeder hing aber nun verdächtig weit aus ihrem Federkleid, und als würde sich die Amsel für meinen Schrei bedanken, verlor sie beim Futterhäuschen die weiße Schwanzfeder, die wie in einer Spirale zu Boden sank und mitten unter all den verstreuten Kernen liegen blieb. Später bemerkte ich nochmals eine weiße Federspitze an dieser Amsel (oder war es eine andere?). Es musste derselbe Vogel sein, da er nach wie vor die Kerne aus dem Futterhäuschen warf. Die weiße Feder aber hat mir ein Nachbarkind vor meinen Augen weggeschnappt und weil es sich so freute, ließ ich es gewähren, und freute mich mit dem Kind über die weiße Schwanzfeder „meiner“ Amsel.

Adventliche Gedanken

Langsam kimmt de Nacht daher,
de Stadt de is a oanzigs Lichtameer
und glanzt in ihrm adventlichen Schein.
A Nacht im Advent is doch so fein.

Advent is a Klang, der ausn Herzn kimmt
und der im ganzen Körper schwingt.
Advent, des is des Gmüat, des Feine,
und des geht ganz tiaf zu innerst eini.
Advent is a wunderbar frohe Zeit
in der ma si auf den Erlöser vorbereit.

Liachter

Schimmern Liachter durch de Nacht.
Strahlen in adventlicher Pracht
und leuchten voller Zuversicht
ois der Hoffnung schönstes Licht.

Adventfreuden

Schneeballn machen, Schlittnfahrn
und a große Schneeburg baun.
Schifahrn geh und Schlittschuah laufn
und an warmen Glühwein kaufn.
Maronibrater brats recht guat,
uns packt der winterliche Übermuat.

Stimmung

Wann da Wind um de Hauseckn waht
und in da Stubn drinna si a Spinnradl draht
und de Spinnerin ihren Fadn ziagt,
wobei s'Gsicht so an entspanntn Ausdruck kriagt,
dann is des der Hoameligkeit besonderer Glanz,
er vazaubert oan halt oiwei wieder ganz.

Weiße Haubn

Bei de Zaustempen is de weiße Haubn in Mode kemma
und a de Bachstoana lassn si den Schmuck nit nehma.
Natürlich tragn a de Staudn jetzt de weiße Zier,
de Lärchn kimmt si ohne Nadln neama nackert via,
sie hat schließlich a für de winterliche Mode epps üba.
De ganze Natur moant oafach um de Zeit: Schnee drüber!

Die Stille der Nacht

De Stille der Nacht
sie hüllt uns grad ei,
des Feuer im Ofen
des wärmt uns recht fei.
De Adventkerzen vaströmt ihrn Schei.
De stade Zeit kehrt in uns ei.
Ma lasst si tragn von einer Melodie,
von dem Klang der Harmonie,
machts Herzerl auf, so weits nur geht.
Ma schwebt so leicht dahi
und es is de bsundre Melodie,
dass oan viakimmt, de Zeit, sie steht.

De Zeit, sie steht, solang de Melodie erklingt,
de im Körper sacht mitschwingt
und Bilder malt von hellem Glanz.
Ergeben ganz, aufgnumma und geborn,
a Glücksgefühl is in uns lebendig wordn.
Es schwebt mit uns wia in an stadn Tanz.

A Stoandal

A Stoandl für de Seele,
a Stoandl fürs Gmüat.
A Stoandl für d'Ruah
und oans, des ma gspürt.
A Stoandl fürn Frohsinn,
a Stoandl fürs Herz.
A Stoandl für d'Gsundheit
und oans gegnan Schmerz.
A Stoandl fürs Glück,
a Stoandl fürn Reim.
A Stoandl voi Sunn
und oans für dei Heim.
A Stoandl für d'Liab,
a Stoandl für d'Freid
und a Stoandl für di
und oans für a schene Zeit.

A Kistn voi Stoandl,
is allerhand drei.
Freili sans kloa,
aba mit große Wünsche dabei.

Winterlich

Tiaf eini is Winter,
ma gfreit si am Schnee.
S'is oisse so ruhig,
wia is doch des sche.

Wann de Nebel sche stad ziagn,
an de Fensta Eisblumen blüahn.
Wann de Vogerl ums Fuatta streitn,
aft san des winterliche Zeitn.

Wann de Glockn bimmeln
und de schwitzatn Schimmeln
mit Leichtigkeit in Schlittn ziagn,
dawei de Gäst a guats Schnapsei kriagn
und de Landschaft genießen, den Woid,
wann wieda a Schneehaubn abafoit,
dass grad a so staubt und glanzt,
wann da Schnee im Sonnenliacht tanzt.
Des gegnseitige Zsammsteckn
unta da wollenen Roßdeckn,
den Zauber der Winterlandschaft gspürn,
mit an Fuhrwerk durch des Toi durchziagn.

Kekserlgenuss

De Kekserl, de san scho boid gar,
herrlich, wia guat des hiaz war.
De Linzeraugn – gfüllt mit Marmelad,
a de Vanillekipferl woan goa nit fad.
An Lebkuchn hab i im Kaffee woach gmacht
und erscht de Kokusbusserl ham mi oglacht,
zart und fein san de Mürbtoagringerl gwen,
und dann hab i da no glasierte Nusskekserl gsehn,
an de ko i mi gar neama erinnan,
da war vielleicht wer zum Naschn herinna.
Ganz gleich wias is und war,
hiaz san de Kekserl gar.

Herbert Gschwendtner

1948 in Schwarzach im Pongau geboren, stammt aus einer Bergmannfamilie und verbrachte seine Kindheit in Mühlbach am Hochkönig. Auf seine Malerlehre folgten Wanderjahre, in denen er sich in verschiedenen Berufen versuchte. In den Siebzigerjahren betreute er als Hüttenwirt das Matrashaus (Hochkönig) und bewirtschaftete anschließend 20 Jahre die Dr.-Heinrich-Hackel-Hütte im Tennengebirge. Nach einer Krebsoperation versuchte er seine Krankheit durch das Schreiben von Gedichten und Kurzgeschichten zu überwinden. Bis 2013 gestaltete der vielseitige Autor auch Volksmusiksendungen für den ORF Salzburg und seither produziert und moderiert er für private Fernsehanstalten Wandersendungen, Kurzfilme und Beiträge.

Eva Auer

1948 in Kopenhagen (Dänemark) geboren, hat nach der Matura an der Hochschule für angewandte Kunst in Kopenhagen studiert und sich auf Bühnenbild und Kostüme spezialisiert, 1970 Diplom, Übersiedlung nach Österreich, lebt seit 1985 in Bischofshofen. Im Fokus ihrer Arbeiten stehen der Mensch und seine Beziehung zur Umwelt.

Mehr von Herbert Gschwendtner im Verlag Anton Pustet

Adventroas. Eine Reise durch den Advent mit Herbert Gschwendtner
168 Seiten, durchgehend farbig bebildert, 13,5 x 21,5 cm, Hardcover
ISBN 978-3-7025-0847-0, € 9,95

Glück auf! Erzweg Kupfer. Wanderungen und Bergbaugeschichten
144 Seiten, durchgehend farbig bebildert, 13,5 x 21,5 cm, Hardcover
ISBN 978-3-7025-0901-9, € 22,00

Almschmankerl. Wandern und genießen im Salzburger Land
160 Seiten, durchgehend farbig bebildert, 21 x 24 cm, Hardcover
ISBN 978-3-7025-0704-6, € 25,00

Hüttenschmankerl. Wandern und genießen nach Herzenslust
160 Seiten, durchgehend farbig bebildert, 21 x 24 cm, Hardcover
ISBN 978-3-7025-0775-6, € 25,00

Kombipaket „Almschmankerl" und „Hüttenschmankerl"
ISBN 978-3-7025-0789-3, € 45,00